Jacques Boy
Christian Dudek
Sabine Kuschel

Projektmanagement

Herausgeber: Prof. Dr. Hardy R. Wagner

J. Boy · C. Dudek · S. Kuschel

Projektmanagement

- Grundlagen
- Methoden und Techniken
- Zusammenhänge

11. Auflage

GABAL

Ein Titelsatz für diesen Titel ist bei der Deutschen Bibliothek erhältlich.

Projektmanagement : Grundlagen, Methoden und Techniken.
Zusammenhänge / Jacques Boy ; Christian Dudek ; Sabine Kuschel.
Unter Mitw. von Josef Dörr ... Hrsg.: Hardy R. Wagner.-
Offenbach : GABAL
ISBN 3-89749-466-3
NE: Boy, Jacques; Dudek, Christian; Kuschel, Sabine
Buch. - 8. Aufl. - 2000
CD-ROM. Praktische Arbeitshilfen.

11. Auflage 49. – 54. Tausend Januar 2003

Unter Mitwirkung von:
Josef Dörr, Birgit Ivenz-Filbig, Elisabeth Fortuin, Dr. Gottfried Lüthen,
Hans-Günter Heunisch, Harald Winkler

Lektorat: Ute Flockenhaus, Fischerhude (b. Bremen)
Umschlaggestaltung: +malsy Kommunikation und Gestaltung, Bremen
Titelfoto: Zefa, Hamburg
Illustrationen: (soweit nicht anders gekennzeichnet): idc, Bremen
Satz und Layout: Computergrafik Rohmer, München
Druck: Salzland Druck, Staßfurt
Herausgeber: Prof. Dr. Hardy Wagner, Speyer

Verlagsinformationen:
www.gabal-verlag.de

Geleitwort

Der GABAL Verlag legt hiermit wiederum ein Arbeitsbuch vor, das erwarten läßt, die schnelle und intensive Verbreitung unserer GABAL-Bestseller - wie *Das neue 1x1 des Zeitmanagement* - zu erreichen.

Projektmanagement ist in jahrelanger Arbeit eines BMW-Projektteams entstanden. Es ist damit ein echtes How-to-do-Buch, wie auch die Arbeitshilfen erkennen lassen: 18 bewährte Formulare, die als zusätzlicher Service - sofort nutzbar - als PC-Diskette zur Verfügung stehen.

Die Gestaltung des Bandes ist - GABAL-üblich - mit zahlreichen Bildern, Tabellen und Grafiken aufgelockert. Das „hirngerechte" Seitenlayout mit Marginalien lädt nicht nur zum Lesen, sondern vielmehr zum sofortigen „Durcharbeiten" ein. Der Text ist verständlich und für eine umgehende Umsetzung konzipiert.

Wir alle befinden uns - auch und gerade in unserer Arbeitswelt - in einem permanenten Wandel. Alles fließt - heute schneller denn je. Viele Aufgaben sind in konventioneller Arbeitsweise nicht mehr zu bewältigen. Die Arbeit im Projekt kann bei komplexen Problemstellungen zu fachübergreifenden, systemischen und strategisch hochwirksamen Lösungen führen. Sie kann und wird es, wenn die Aufgaben strategisch richtig angegangen werden; hierzu soll die im *Projektmanagement* konzentriert gespeicherte Erfahrung einen wichtigen Beitrag leisten.

Wir wollen unseren Lesern mit dem vorliegenden Buch einen anschaulichen Überblick geben über die Wirkungsweise des Projektmanagement und zur Entzauberung des „Mythos Projektmanagement" beitragen. Zugleich wollen wir Sie anregen, Elemente dieser erfolgreichen Arbeitsmethode in Ihre tägliche Arbeitswelt zu übertragen.

Bedenken Sie jedoch auch, daß Probleme in Projekten häufig vielschichtige Ursachen haben und sich von daher nicht alles rein methodisch lösen läßt.

Das Buch ist als Arbeitsbuch zum Selbstlernen und Selbsttun konzipiert. Das traditionelle Weiterbildungssystem mit Seminartraining kann den zunehmenden Bedarf einerseits nicht mehr decken, andererseits spricht es nicht alle „Lerntypen" an; hinzu kommt, daß der wachsenden Lernbereitschaft der Mitarbeiter - auch aus Kostengründen, und zwar im Hinblick auf Zeit und Geld! - nur beschränkte Kapazitäten zur Verfügung stehen. Die individuelle Gestaltung des Lernprozesses mit der Möglichkeit, sich selbst einzubringen, stellt zwar Anforderungen, bietet aber in noch höherem Umfang Chancen für den einzelnen, die Gruppe und die gesamte Organisation.

Wir danken dem Autoren-Team von BMW für die Möglichkeit, diese „geballte Erfahrung" einer breiten Öffentlichkeit zur Verfügung stellen zu dürfen. Wir danken für die umfassende Kleinarbeit, die vielen Schaubilder, die die Lektüre so anschaulich machen, und für das hilfreiche und wertvolle Arbeitsmaterial, das mit den Arbeitsblättern geboten wird.

Wir bitten unsere Leser, uns ihre Erfahrungen bei der Umsetzung mitzuteilen. Wir möchten den Autoren gern alle positiven Rückmeldungen, aber auch alle konstruktiven Anregungen zur Verbesserung zur Verfügung stellen. Wie immer werden wir - gemeinsam mit den Autoren - von Auflage zu Auflage alle Verbesserungsmöglichkeiten nutzen. Wir alle wissen:

Das Bessere ist der Feind des Guten - denn: Wer rastet der rostet!

Speyer, im August 1995

Prof. Dr. Hardy Wagner
- Herausgeber -

Inhaltsverzeichnis

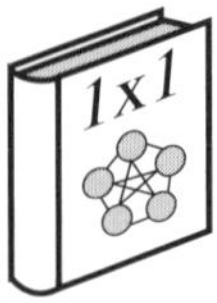

Zu diesem Buch

„Eine Sache wird nicht dadurch perfekt, daß man viele Dinge hinzufügt, sondern indem man Dinge wegnimmt und die Aussage immer noch stimmt."

Dieses Buch richtet sich vorwiegend an Praktiker, die sich erstmalig mit Hintergrund-Informationen zum Projektmanagement auseinandersetzen oder ihr vorhandenes Wissen zu einem geschlossenen Ganzen zusammenfügen möchten.
Branchen- oder projektartspezifische Ausprägungen, die zum Verständnis der Grundlagen nicht erforderlich sind, haben wir daher nicht aufgenommen.
Für Projektmanagement und weitere Fachbegriffe gibt es keine Definitionen, die sich in der Praxis durchgesetzt haben. Der Leser soll sich beim Durcharbeiten des Buches ein eigenes Verständnis erarbeiten, anstatt vorgegebene Definitionen zu repetieren.

Zu Ihrem Genuß haben wir uns überlegt:

- Ein Menü in zehn Gängen! In 10 Kapiteln erhalten Sie einen Überblick über die wichtigsten Themenbereiche des Projektmanagements.

- Zur leichteren Orientierung wurde für jedes Kapitel ein Symbol ausgewählt.

- Wir wollen auf dem Teppich bleiben! Geschichten und Begebenheiten aus dem Projektalltag stellen den Bezug zur Praxis her.

- Schaubilder und Karikaturen lockern den theoretischen Text auf und sollen Sie bei Laune halten.

- Arbeitshilfen im Anhang und auf Diskette geben Ihnen die Möglichkeit, Ihre Projektadministration in der täglichen Arbeit leichter zu gestalten.

Zu diesem Buch

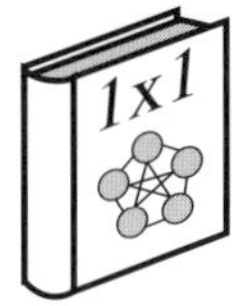

- Wie der Name „Selbstlernbuch“ schon sagt:

  Sie werden in den Lernprozeß mit einbezogen:

Machen Sie einen Gedankenstop und reflektieren Sie Ihr bisheriges Arbeitsverhalten!

Wichtiges in Kürze, auf das wir Sie aufmerksam machen wollen!

Nehmen Sie einen Stift zur Hand und versuchen Sie, die Ihnen gestellte Aufgabe mit Ihrem Wissen und Ihrer Erfahrung zu lösen!

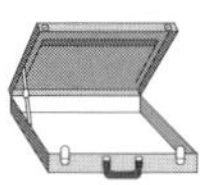

Denken Sie über Ihren persönlichen Lernerfolg nach! Was nehmen Sie mit und was wollen Sie von diesem Kapitel in Ihrem Projektalltag umsetzen?

- Zum Abschluß:
  Im Anhang finden Sie Lösungen zu den Fragen und praktische Arbeitshilfen für Ihren Projektalltag.

1 Zum Erfolg gibt es keine Alternativen

Gründe für Projektmanagement

„Wir sind stolz auf das Erreichte, wissen aber:
Wer glaubt, etwas zu sein, hört auf, etwas zu werden"
(Bernd Pischetsrieder, Vorsitzender des Vorstands BMW AG)

Inhalte:

- ❍ Wer gewinnt den Wettlauf?
- ❍ Welchen Nutzen bringt die Anwendung von Projektmanagement?
- ❍ Was hat Projektmanagement mit Ihrer Einstellung zu tun?

Quelle: Jules Stauber

Arbeiten Sie intelligenter - nicht härter!

Wer gewinnt den Wettlauf?

Viele Beispiele zeigen, daß Veränderungsimpulse und Innovationen aus kleinen und mittleren Unternehmen hervorgehen. Andere Unternehmen hingegen, die als erfolgreich und unschlagbar galten, sind innerhalb weniger Jahre vom Markt verschwunden.

„Nicht die Großen fressen die Kleinen, sondern die Schnellen die Langsamen" (Eberhard v. Kuenheim, Vorsitzender des Aufsichtsrats BMW AG)

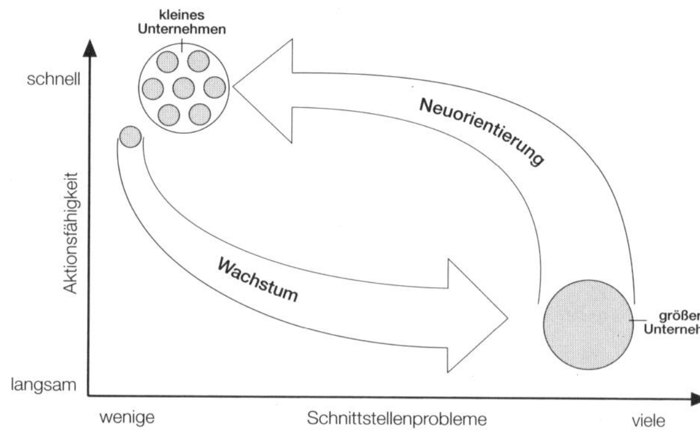

Auf Dauer wird dasjenige Unternehmen erfolgreich sein, welches sich schnell und flexibel den ständig wechselnden Marktbedingungen anzupassen versteht!

Wie erreicht ein Unternehmen die nötige Schnelligkeit?

Funktionale Arbeitsteilung und „hierarchische Gräben" führen zu erheblichen Reibungsverlusten bei der Entscheidungsfindung sowie bei der Erledigung und Koordination von Aufgaben.

„geistige Mauern" behindern die Lösung komplexer Aufgabenstellungen

Viele Aufgabenstellungen können heute nur noch ***fach- und bereichsübergreifend*** gelöst werden. Aus diesem Grund werden bspw. größere Entwicklungsvorhaben von Unternehmen immer mehr in Form von ***Projekten*** geplant und realisiert. Das Know-how einzelner Spezialisten und Zulieferer wird zusammengeführt. Arbeiten werden ***nicht mehr hintereinander*** (sequentiell), ***sondern soweit möglich parallel*** (simultan) und in ***direkter Kommunikation*** miteinander ausgeführt.
Die Auswirkungen der eigenen (funktionalen) Entscheidungen auf andere Funktionen werden dadurch transparent. Damit lassen sich viele Probleme im Vorfeld erkennen und vermeiden. Das Projektteam ermöglicht jedem einzelnen, „über den Tellerrand zu blicken“.

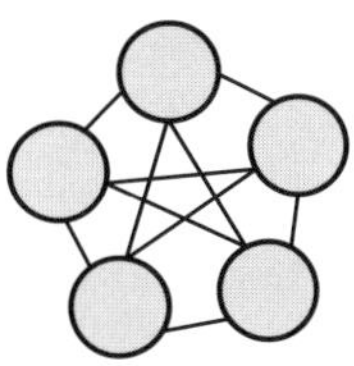

Während die Entwicklungsabteilung noch Feinheiten optimiert, arbeitet das Design an der nutzungsgerechten Gestaltung, die Fertigungsvorbereitung an den Werkzeugen und das Marketing an der Einführungsstrategie.

Diese Arbeitsweise spart dem Unternehmen Zeit und Geld und vermittelt auch Ihnen eine höhere Zufriedenheit mit Ihrer Arbeit.

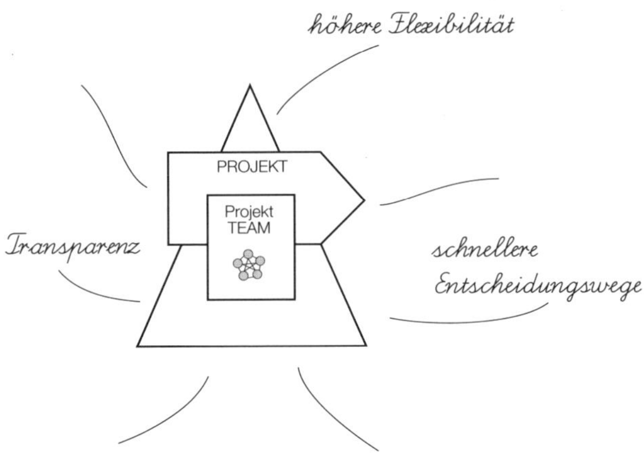

Welchen Nutzen bringt die Anwendung von Projektmanagement?

- Aufgaben werden ***transparenter*** und ***überschaubarer.***
- Problemsituationen sind ***rechtzeitig*** zu erkennen.
- Es wird nicht schwerfallen, ***zielorientiert*** zu handeln.

Was könnte für Sie der wichtigste Vorteil von Projektmanagement sein?

Projektmanagement ist erlernbar, erfordert aber eine aktive und intensive Auseinandersetzung mit dieser Methode

Trotz dieser offensichtlichen Vorteile fällt es allen Beteiligten schwer, projekthaft zu arbeiten.
Methoden kann man erlernen, das richtige Maß für ihren Einsatz erfordert Erfahrung, aber ohne die richtige Einstellung werden auch Projekte ineffizient.
Abschied zu nehmen von gewohnten und liebgewonnenen Verhaltens- und Arbeitsweisen fällt schwer, ebenso die Unterordnung der eigenen Funktion unter das Gesamtziel eines Projektes.

Was hat Projektmanagement mit Ihrer Einstellung zu tun?

Komplexe Aufgaben werden oft mit ***Ungeduld*** angegangen. Es sollen möglichst schnell greifbare Erfolge erzielt werden. In der Regel führt dieses voreilige Handeln zum Gegenteil: Es wird uneffizient gearbeitet, und die Aufgabe wird nur teilweise gelöst.
Effizientes und erfolgreiches Arbeiten ist nur dann möglich, wenn die eigene Arbeitsleistung immer wieder kritisch ***überprüft*** und über die Konsequenzen des eigenen Handelns nachgedacht wird. Das aber ist - wie beim Zeitmanagement - keine Frage des Könnens, sondern der ***Selbstdisziplin***.

Um eine komplexe Aufgabe zu lösen, muß weiterhin ***Expertenwissen*** integriert werden. Das erfordert die ***Zusammenarbeit*** mit Personen aus den unterschiedlichsten Fachbereichen. Damit die Arbeit in der Gruppe „Früchte" tragen kann, müssen ***Spielregeln*** akzeptiert werden. Es muß die Bereitschaft entstehen, sich ***von der Gruppe steuern*** zu lassen.

Führen Sie sich selbst und lassen Sie sich führen

Gemeinsame Ziele sind der Schlüssel zum Erfolg!
Erfolg ist der beste Motivator!

Was waren Ihre gemeinsamen Erfolgserlebnisse?

Erfolg ist Zielerreichung

Von der Zielformulierung bis zur Zielerreichung ist es ein weiter Weg. Sie werden im Verlauf dieses Buches Erfolgsfaktoren kennenlernen, die Ihnen helfen, Ziele zu definieren, und die dazugehörigen Methoden, diese Ziele zu erreichen.

Erfolg ist erlebbar!

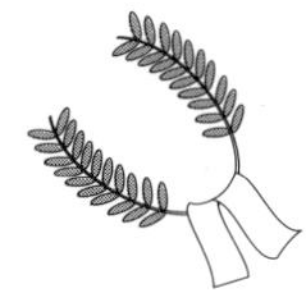

1 Gründe für Projektmanagement

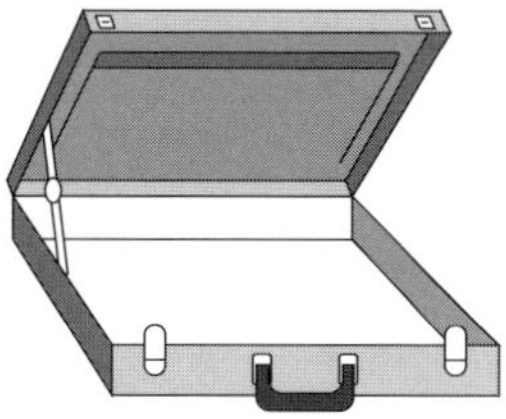

Raum für Ihre Notizen:

2 Das Ganze ist mehr als die Summe seiner Teile

Ganzheitliches Projektmanagement

Inhalte:

- ❍ Wie ist Projektmanagement definiert?
- ❍ Was hat Projektmanagement mit Systemtheorie zu tun?
- ❍ Welchen Einfluß hat die Ganzheitlichkeit auf die Projektarbeit?

Nur wer den Blick für das Ganze hat, wird auch das Ganze erkennen!

Was ist ein Projekt?

Mitarbeiter Bauer erhält von seinem Vorgesetzten den Auftrag, innerhalb der nächsten Wochen eine Abteilungsfeier vorzubereiten. Ihm wird mitgeteilt, daß er vom Abteilungsbudget 500,- DM zur Verfügung gestellt bekommt, die er für Planung und Durchführung ausgeben darf. Kein Problem, denkt Herr Bauer. Nach mehrmaligem Ansprechen seiner Kollegen stellt Herr Bauer frustriert fest, daß nur wenige Personen bereit sind, bei Vorbereitung und Durchführung der Party behilflich zu sein, außerdem hat jeder andere Erwartungen an das Fest. Die nächsten Tage ist Herr Bauer sehr beschäftigt: Er führt eine Vielzahl von Tätigkeiten aus wie Überlegen, Planen, Entscheiden etc. Als der Tag der Abteilungsfeier näher rückt, ist sich Herr Bauer nicht mehr so sicher, ob diese überhaupt stattfinden wird. Dunkle Regenwolken trüben den Horizont.

Sie werden zugeben, daß Mitarbeiter Bauer eine komplexe Aufgabe zu bearbeiten hat.

Projekte sind nicht neu. Im Gegenteil, sie hat es schon immer gegeben. Der Bau der Pyramiden, die Errichtung des Eiffelturms, die Organisation einer Olympiade oder auch einer Betriebsfeier sind Beispiele für ***herausfordernde Leistungen*** mit Projektcharakter.

Projekte sind durch folgende Merkmale gekennzeichnet:

- ***Aufgabenstellung mit Risiko*** und einer gewissen ***Einmaligkeit*** (keine Routineangelegenheit),
- eindeutige ***Aufgabenstellung, Verantwortung und Zielsetzung für ein Gesamtergebnis,***
- ***zeitliche Befristung*** (klarer Anfangs- und Endtermin),
- ***verschiedenartige***, untereinander verbundene, wechselseitig voneinander abhängige ***Teilaufgaben*** bzw. Stellen,
- ***begrenzter Ressourceneinsatz,***
- besondere, auf das Vorhaben ***abgestimmte Organisation.***

Typisch für ein Projekt?

Kennen Sie weitere Leistungen - auch aus Ihrem Aufgabenbereich -, die Ihrer Ansicht nach Projektcharakter besitzen? Denken Sie an ein Projekt zurück, das Sie in den letzten Wochen durchgeführt haben! Es kann sich um ein Projekt aus Ihrem Arbeitsbereich oder auch aus Ihrem Privatleben handeln.

Um welches Projekt handelte es sich?

Erfüllt es die Kriterien, die ein Projekt definieren?
Kreuzen Sie an!

- Zielvorgabe ☐
- Begrenzung ☐
  - zeitlich ☐
  - finanziell ☐
  - personell ☐
- Abgrenzung ☐
  - neuartig ☐
  - risikoreich ☐
  - komplex ☐
  - einmalig ☐
- projektspezifische Organisation ☐

Was ist Projektmanagement?

Der Erfolg von Projekten wird von ***drei Zielvorgaben*** bestimmt:

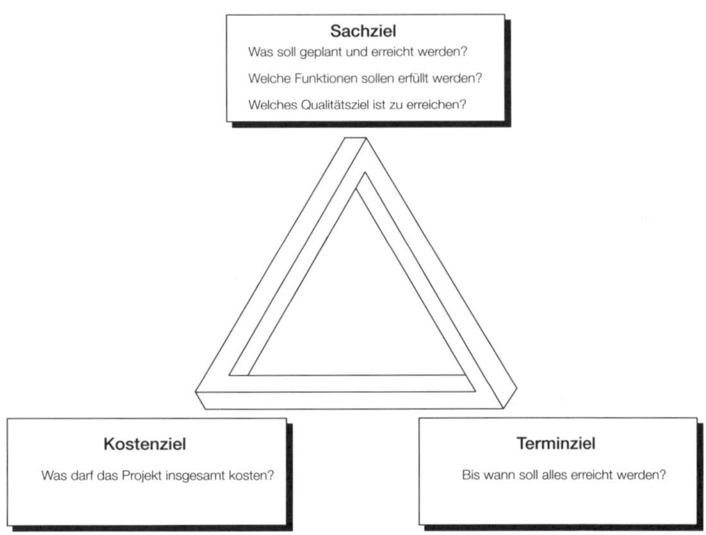

Alle drei Zielgrößen beeinflussen sich gegenseitig. Sie bilden ***konkurrierende Beziehungen***, ein sog. ***„magisches Dreieck“***. Werden in einem Projekt z.B. steigende Anforderungen an die Zielgröße Sachleistung gestellt, ist in der Regel mit längeren Bearbeitungszeiten zu rechnen. Längere Bearbeitungszeiten rufen höhere Kosten hervor.

Aufgrund dieser Zusammenhänge ist eine isolierte Betrachtung der einzelnen Zielgrößen nicht sinnvoll!

Denken Sie zurück an Ihr Projektbeispiel. Wie sah Ihr magisches Dreieck aus? War Ihnen die Problematik bewußt?

Die größte ***Herausforderung*** des Projektmanagements liegt in der ***Integration und Steuerung*** dieser konkurrierenden Zielgrößen. Die vielen und sich teilweise gegenseitig beeinflussenden Projektelemente bleiben dabei nicht dem Zufall oder dem Einfallsreichtum einzelner Projektmitarbeiter überlassen, sondern werden ***systematisch aufeinander abgestimmt.***

Dazu bedient man sich der Methoden des Projektmanagements.

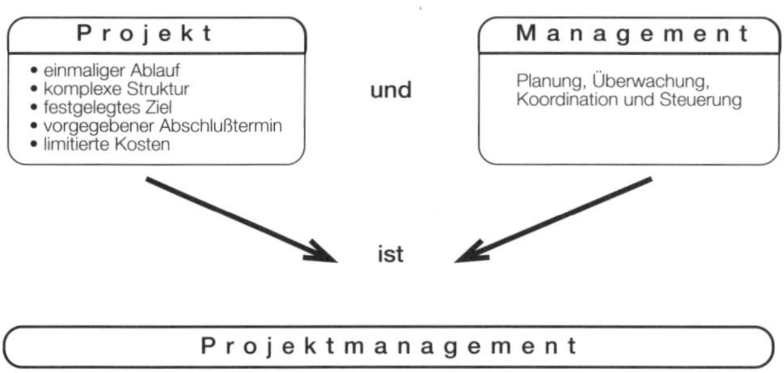

Quelle: Wolf Prozessmanagement-Training GmbH

Bevor Sie einzelne Methoden im Detail kennenlernen, möchten wir Sie noch auf eine generelle Gefahr in Ihrem Projekt hinweisen. Verlieren Sie nicht den Überblick. Der Projekterfolg ist nicht die perfekte Anwendung der Methoden, sondern das Erreichen der Projektziele. Denken und handeln Sie ***ganzheitlich!*** Lassen Sie sich dazu von einem kurzen Ausflug in die Systemtheorie inspirieren.

Was können wir aus der Systemtheorie lernen?

Projekt = System

Unter einem ***System*** versteht man
- eine gegenüber der Umwelt abgegrenzte ***Ganzheit***
- bestehend aus einzelnen ***Elementen***
- zwischen denen festgelegte ***Beziehungen*** existieren
- und die bestimmte ***Funktionen*** erfüllen.

Ausgangspunkt aller Systembetrachtung ist das ***Erfassen, Verstehen und Ordnen*** der in einem System bestehenden Beziehungen. Dazu wird das System soweit in seine Teilbereiche (Elemente) zerlegt, bis alle Einzelelemente voneinander abgegrenzt und die Beziehungen zwischen den Elementen sichtbar sind.

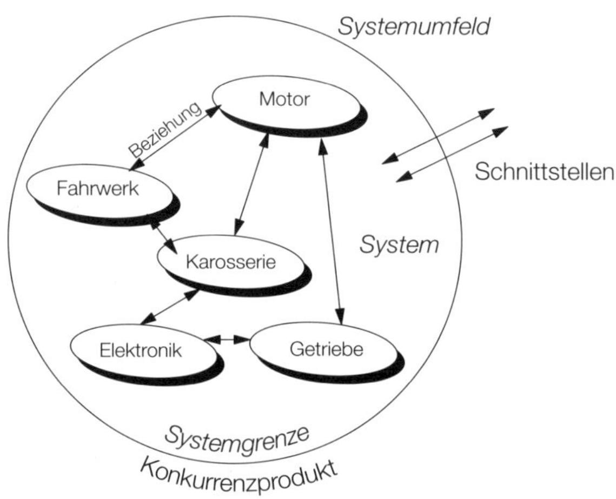

Dieser Vorgang wird ***Strukturierung*** genannt. Strukturiertes Vorgehen macht komplexe Aufgaben ***transparenter*** und damit ***leichter handhabbar***. Aber vermeiden Sie unnötige und künstliche Grenzen, Grenzen können auch zu unüberwindlichen Hürden werden.

Um aber das Gesamtziel nicht aus den Augen zu verlieren, sind die Einzelaspekte nicht für sich allein, sondern als ***Bestandteil eines umfassenden Ganzen*** zu betrachten. Es gilt, den berühmten Blick über den Tellerrand zu wagen! Dieser grundlegende Denkansatz wird als ***„Systemdenken"*** oder auch als ***„Ganzheitliches Denken"*** bezeichnet.

Durch das Denken in Zusammenhängen über die Grenzen des eigenen Fachbereichs und der eigenen wissenschaftlichen Spezialisierung hinaus lassen sich „Insellösungen" vermeiden.

Verbinden Sie die 9 Punkte mit insgesamt 4 Geraden, jedoch ohne dabei abzusetzen!

Die Lösung zu dieser Aufgabe finden Sie im Lösungsteil des Anhangs unter 2.

1. Versuch 2. Versuch 3. Versuch

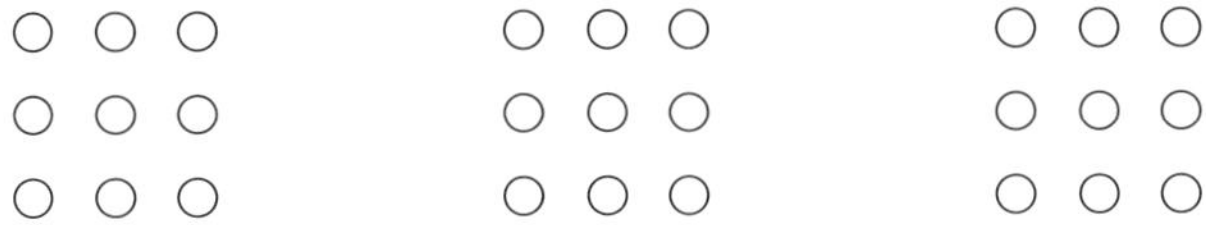

Wie wird Komplexität aufgelöst?

Je größer die Komplexität eines Systems ist, umso wichtiger ist die ***Analyse***. Durch die erweiterte Betrachtungsweise und überlegtes Vorgehen können drohende Mißerfolge frühzeitig erkannt und rechtzeitig Maßnahmen zur Steuerung ergriffen werden.

Vordenken beginnt mit Nachdenken

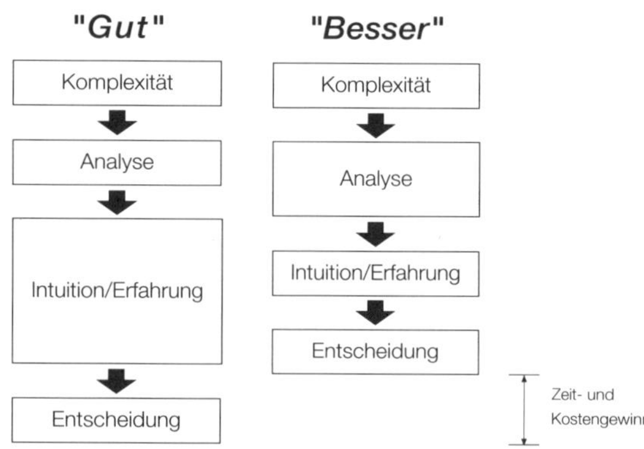

Nehmen Sie sich gerade am Anfang ausreichend Zeit, die Zusammenhänge aufzudecken!

Sprechen Sie Ihr Vorhaben nicht nur mit den Planern eines Projektes ab, sondern holen Sie ebenso die Realisierer mit in das Boot - diejenigen, die das Projekt schließlich umsetzen müssen.

Was bedeutet Ganzheitlichkeit im Projekt?

Projekte können ebenfalls als Systeme betrachtet werden: Sie sind Teile eines Ganzen, bestehen aber auch ihrerseits aus zahlreichen Einzelelementen.

Die formalisierten Abläufe und Verfahren, die Sie im Kapitel „Planung" kennenlernen und die die Zielgrößen aus dem magischen Dreieck erfassen, sind nur die eine Seite der Medaille. Im Alltag eines Projektes spielen auch die nicht formalisierbaren „Soft-Faktoren" eine Rolle.
Das heißt, Kommunikationsprobleme, Ängste von Mitarbeitern, Status- und Prestigedenken, fehlende Teamregeln etc. behindern oft die Projektarbeit und stellen den Gesamtprojekterfolg in Frage.

Das ***„Ganzheitliche Projektmanagement" integriert*** die eingesetzten ***Systeme***, ***Verfahren und Methoden mit den psycho-sozialen Prozessen*** der Projektarbeit. Es berücksichtigt gleichzeitig die

- ***strukturellen Voraussetzungen*** der Organisation,
- ***Fachkenntnisse*** der Projektbeteiligten,
- richtige Anwendung der ***Methoden,***
- Kenntnisse um ***Verhaltensaspekte*** der Teammitglieder.

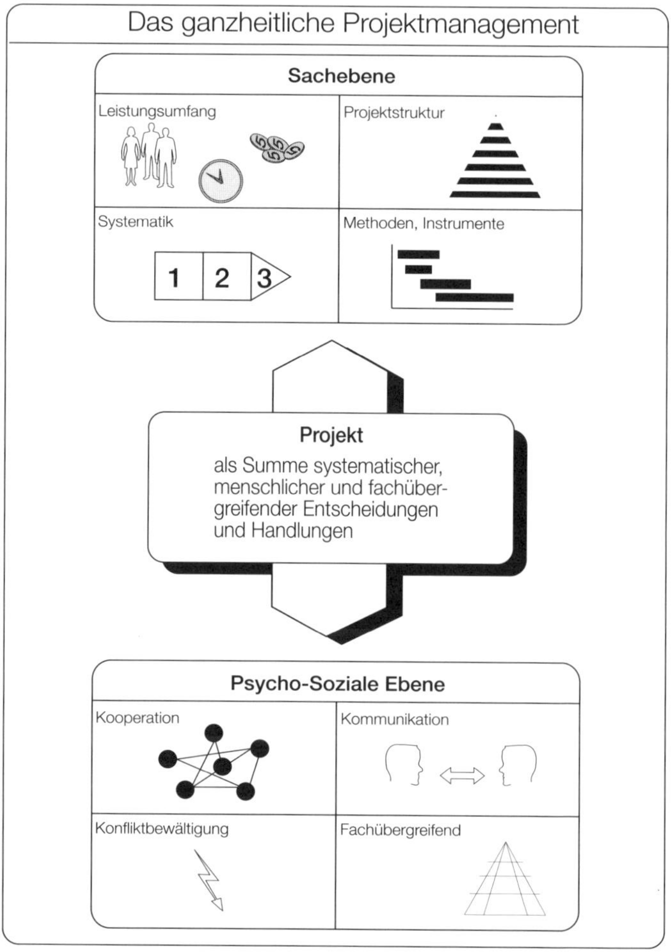

Das ganzheitliche Projektmanagement
Sachebene
Leistungsumfang
Projektstruktur
Systematik
1 2 3
Methoden, Instrumente
Projekt
als Summe systematischer, menschlicher und fachübergreifender Entscheidungen und Handlungen
Psycho-Soziale Ebene
Kooperation
Kommunikation
Konfliktbewältigung
Fachübergreifend

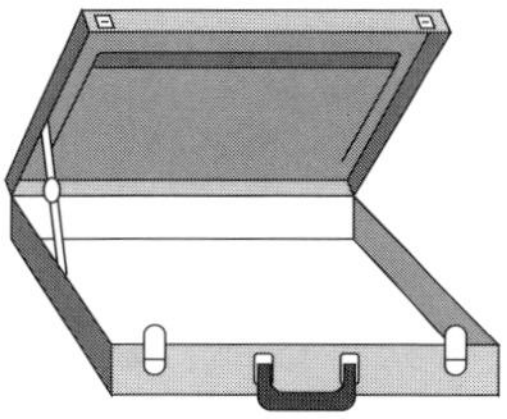

Raum für Ihre Notizen:

3 Am roten Faden bleiben

Projektphasen und Meilensteine

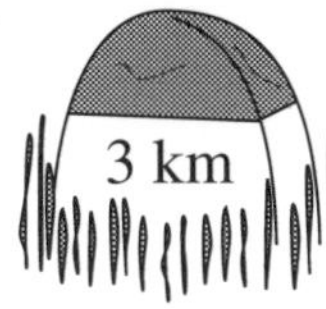

Inhalte:

- Wie lauten die Grundprinzipien der Projektmanagement-Arbeitsmethodik?
- Was ist Gegenstand der einzelnen „Projektlebensphasen“?
- Welche Bedeutung haben Meilensteine im Projekt?

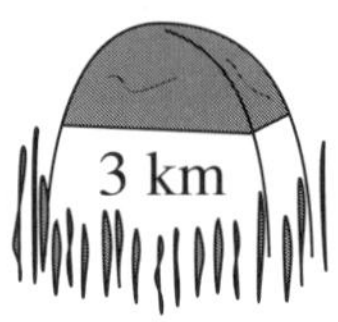

Denken Sie an Ihr Projekt aus Kapitel „Ganzheitliches Projektmanagement“ zurück! Beschreiben Sie in Stichpunkten den Projektverlauf?

____

____

____

Was ist der Projektlebenszyklus?

Die Laufzeit eines Projekts kann je nach Größe und Komplexität unterschiedlich lange dauern. Im Kern folgt aber jedes Projekt einem bestimmten Zyklus, dem „***Projektlebenszyklus***“. Ob Sie ein Haus bauen, eine Feier organisieren oder in einem Industrieprojekt mitarbeiten: Sie werden feststellen, daß sich jedes Projekt - ähnlich wie in der Natur - in Stufen bzw. ***Lebensphasen*** „entwickelt“.

Der Projektlebenszyklus zeigt die Entwicklung des Projekts von der Projektidee bis zum Projektabschluß auf

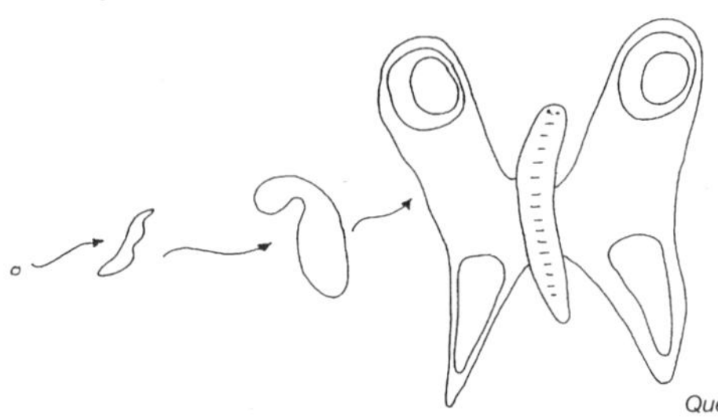

Quelle: GES mbH, Allensbach

Wie läßt sich ein Projekt vom zeitlichen Ablauf her untergliedern?

Aufgrund ihrer Komplexität und ihrer Neuartigkeit sind Projekte nach einer ***systematischen Vorgehensweise*** abzuwickeln. Dieser Vorgehensweg wird durch drei Grundprinzipien bestimmt:

1. **Strukturierung in Phasen,**
2. **vom Groben zum Detail,**
3. **Problemlösungszyklus.**

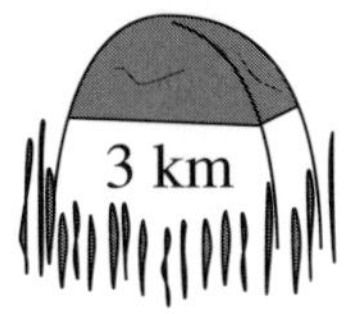

Strukturierung in Phasen

Die Zerlegung des Projekts in einzelne Phasen ist von den Schwerpunkten des Projektes, den Meilensteinen und der Komplexität der Aufgabe abhängig. In der Praxis hat es sich jedoch gezeigt, daß es ***vier grundsätzliche Phasen*** gibt: ***Definition, Planung, Realisierung und Abschluß***. Zu diesen klassischen Projektphasen kommen beispielsweise bei innovativen Projekten noch eine Vorentwicklungs- und Pilotphase hinzu.

Projekte gestalten heißt, ein Problem...

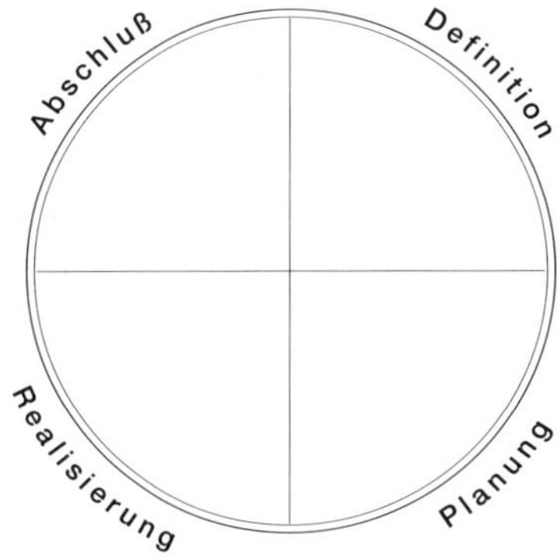

... in einzelne Teilphasen zu portionieren

Vom Groben zum Detail

Häufig wird bereits am Anfang eines Projekts sofort in Lösungen gedacht und alles bis ins Feinste durchgeplant. Später ist man von seiner Planung enttäuscht: Vieles hat sich im Laufe der Zeit verändert und eine Aktualisierung erweist sich als sehr aufwendig. Deshalb gehört es zum Projektmanagement, sich ***Schritt für Schritt an das Detail*** heranzuarbeiten. Ähnlich wie ein Dreher zuerst das Metallstück grob bearbeitet, dann mittelfein die Konturen dreht und anschließend die Feinarbeit macht, genauso ist der Fortgang im Projekt: Vom Groben zum Detail.

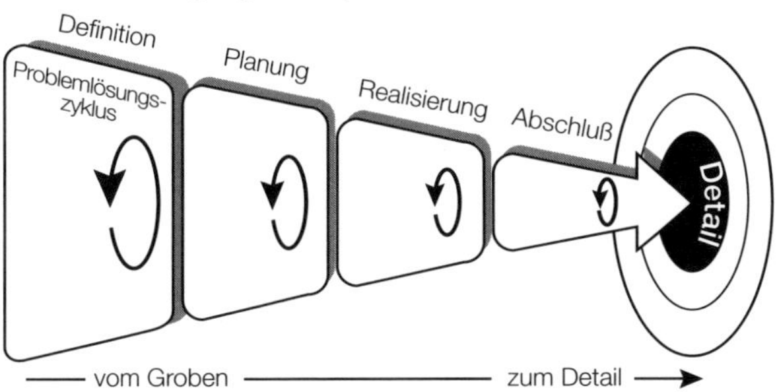

... fortschreitend weiter und tiefergehend auszuarbeiten

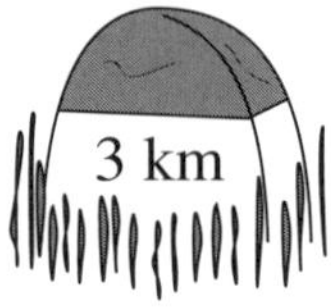

Problemlösungszyklus

Projekte zu bearbeiten bedeutet, den Weg zwischen IST-Zustand und SOLL-Zustand zu überbrücken. Der Problemlösungszyklus beschreibt die ***Schrittfolge,*** wie Sie Ihr Ziel erreichen können. Er ist ein sich ***mehrmals wiederholender Prozeß*** und auf ***jede Lebensphase*** anzuwenden.

...in einem sich wiederholenden Vorgang einer Lösung zuzuführen

Welche Vorteile sehen Sie in einem methodischen Vorgehen?

____

____

____

____

____

Eine Antwort auf diese Frage finden Sie im Lösungsteil des Anhangs unter 3.1

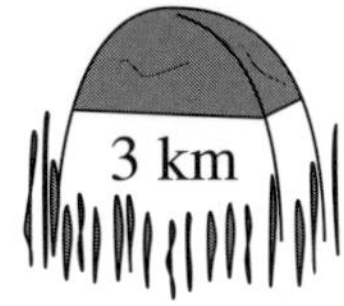

Welche Schwerpunkte haben die einzelnen Projektphasen?

Jede Lebensphase ist durch sehr unterschiedliche Aufgabenstellungen geprägt und hat spezielle Problemstellungen.

Die ***Definitionsphase*** ist die Voraussetzung für den Start des Projekts. Hier klären Sie als Projektleiter mit Ihrem Auftraggeber die Ziele ab und prüfen das Projekt auf seine Durchführbarkeit und Wirtschaftlichkeit. Ergebnis ist der verabschiedete Projektauftrag.

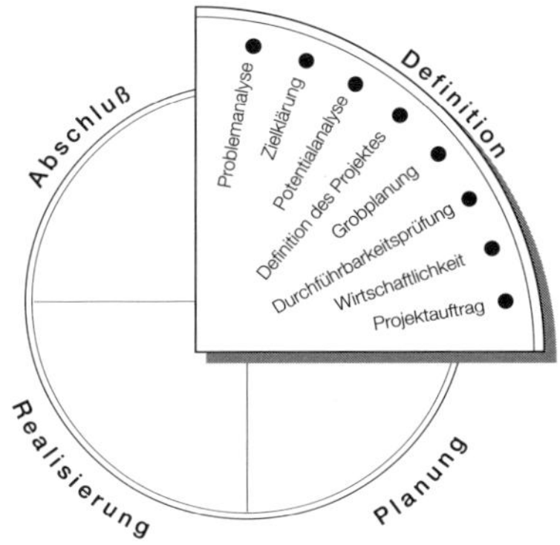

In der ***Planungsphase*** werden sowohl die einzelnen Tätigkeiten als auch der zeitliche Ablauf festgelegt. Diese Phase ist die Grundlage für die erfolgreiche Durchführung in der Realisierungsphase.

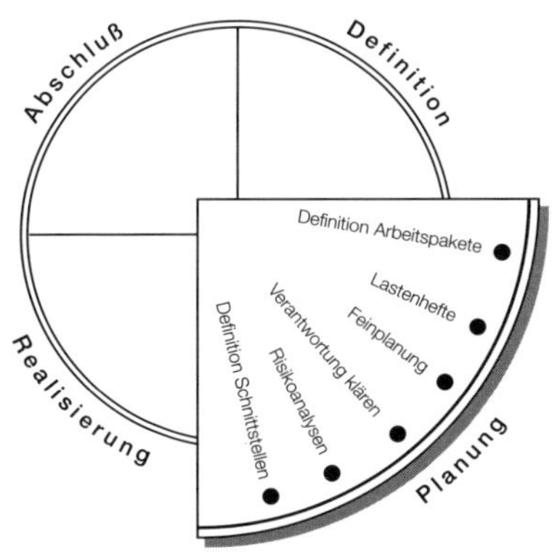

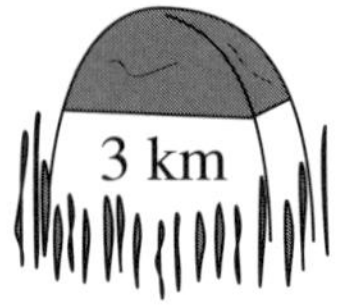

Die ***Realisierungsphase*** umfaßt mehr als nur die reine Umsetzung des vorher Geplanten. Durch eine kontinuierliche Überprüfung des Projektfortschritts anhand der Meilensteine (siehe Seite 38) muß sichergestellt werden, daß sich das Projekt noch auf der richtigen Schiene befindet. Zielabweichungen sind einer Entscheidung zuzuführen.

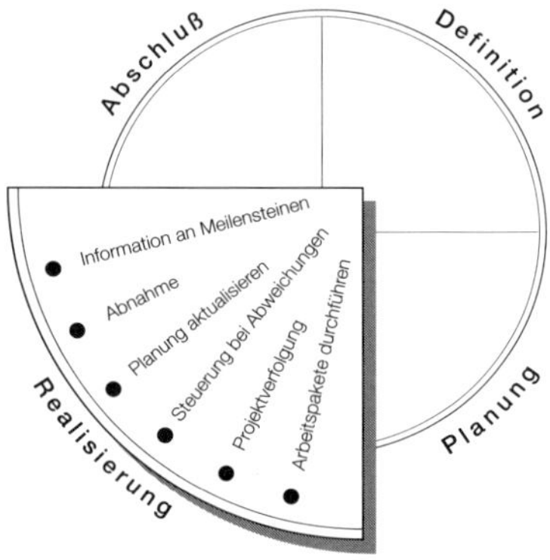

Mit der Abnahme des Projektergebnisses durch den Auftraggeber wird die ***Abschlußphase*** eingeläutet. Da in den meisten Projekten nicht sichergestellt werden kann, daß der gleiche Personenkreis am nächsten Projekt wieder beteiligt ist, steht in dieser Phase die Know-how-Sicherung und die Reintegration der Projektbeteiligten im Vordergrund.

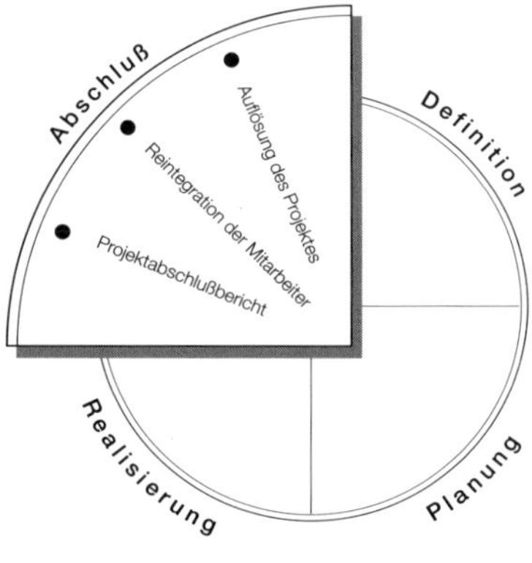

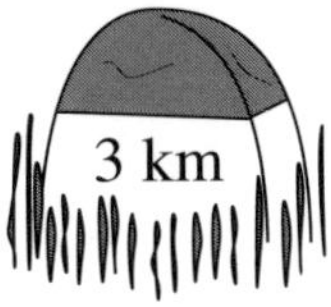

Wie sieht der Zusammenhang zwischen Einflußmöglichkeit auf das gewünschte Ergebnis und den Projektphasen aus?

Jede Lebensphase baut auf der vorhergehenden auf. Aus diesem Grund wird die Einflußmöglichkeit auf das Endergebnis im Verlauf des Projekts immer geringer, während die Projektkosten in zunehmendem Maße ansteigen.

Einflußmöglichkeiten und Projektkosten stehen im umgekehrten Verhältnis zueinander

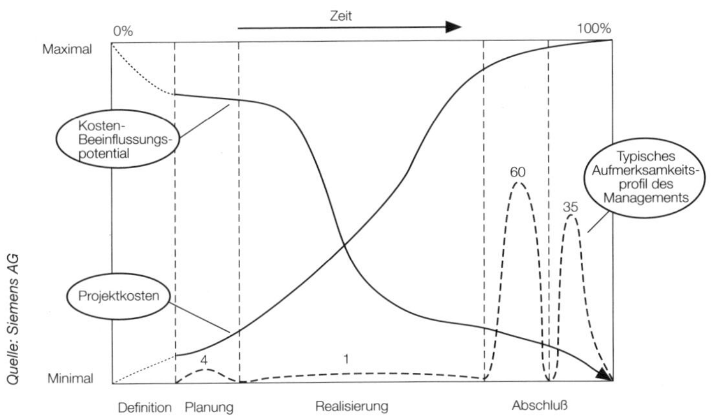

Wie interpretieren Sie die Aufmerksamkeitskurve in diesem Bild?

____

____

____

Wie sollte Sie idealerweise aussehen?

____

____

____

Eine Antwort auf diese Fragen erhalten Sie im Lösungsteil des Anhangs unter 3.2.

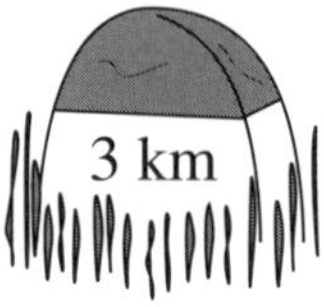

Was ist ein Meilenstein?

Innerhalb der Phasen gibt es ***wichtige Ereignisse***, die als Meilensteine festgelegt werden können. Meilensteine für den Bau eines Hauses könnten wie folgt aussehen:

Strukturierung der Phasen durch Meilensteine

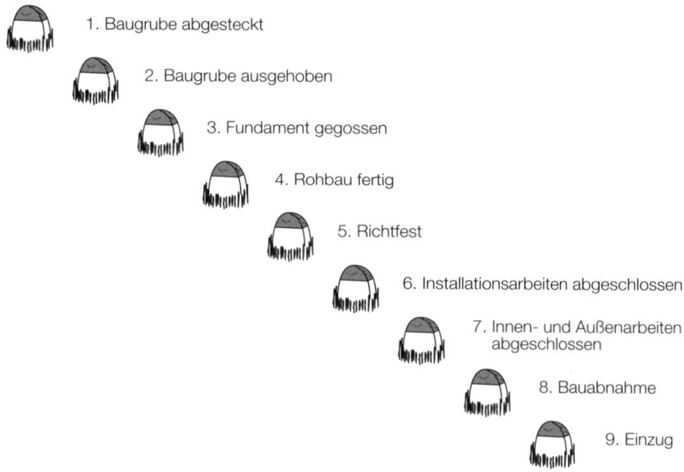

Welche Bedeutung haben Meilensteine für das Projekt?

Jeder Meilenstein kann erst ***überschritten*** werden, wenn die vorher formulierten Anforderungen auch tatsächlich erfüllt werden. Nur bei unkritischen „offenen Punkten", deren nachträgliche Erledigung sichergestellt werden kann, ist bei Fortführung des Projektes nicht mit erheblichen Schwierigkeiten zu rechnen. Die wichtigsten Meilensteine sind die ***Übergänge von einer Projektphase in die nächste***. Hier entscheidet sich in besonderem Maße das weitere Schicksal Ihres Projekts.

Welche markanten Zwischenergebnisse gibt es in Ihrem Projekt?

1. ______________________________

2. ______________________________

3. ______________________________

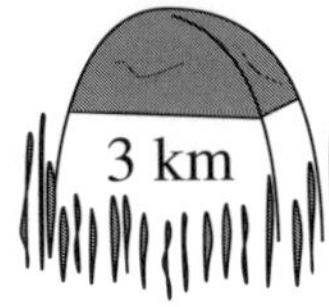
3 km

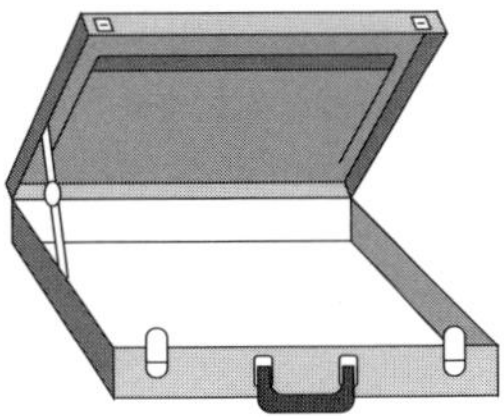

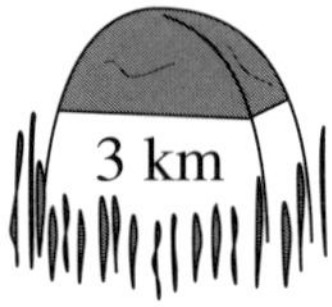

Raum für Ihre Notizen:

4 Vom Nebel in die Klarheit

Zielfindung

„Und als sie ihr Ziel aus den Augen verloren hatten, verdoppelten sie ihre Anstrengungen!"
(Mark Twain)

Inhalte:

- ❍ Welche Bedeutung haben Ziele für die Projektarbeit?
- ❍ Wie lassen sich Ziele richtig vereinbaren?
- ❍ Wie werden Ziele korrekt formuliert?

Wie beginnen Projekte?

„Edamer Mieze“, begann Alice, „würdest du mir bitte sagen, wie ich von hier aus weitergehen soll?“
„Das hängt zum großen Teil davon ab, wohin du möchtest“, sagte die Katze.
„Ach, wohin ist mir eigentlich gleich...“ sagte Alice.
„Dann ist es auch egal, wie du weitergehst“, sagte die Katze.
„... solange ich nur irgendwohin komme“, fügte Alice zur Erklärung hinzu.
„Dahin kommst du bestimmt“, sagte die Katze,„ wenn du nur lange genug weiterläufst.“
(Auszug aus Walt Disneys Version von „Alice im Wunderland“)

So manches Vorhaben beginnt diffus und endet auch so

Ist diese Situation nicht ebenfalls typisch für Projekte? Projekte beginnen meistens mit einer Idee aus dem Fachbereich oder einer Anregung aus der Geschäftsführung. Es werden Aussagen über die zu erreichenden Ergebnisse erarbeitet, die schließlich nur unzureichend umgesetzt werden. Viele Aktionen laufen nur mit ***vagen Zielen*** ab. Die Beteiligten möchten sich nicht festlegen, denn ***unklare Ziele machen sehr "flexibel"***. Das Projekt kommt nicht voran und endet im Streit.

Zeichnen Sie ein Auto!

Vergleichen Sie Ihre Zeichnung mit den Alternativen aus der Karikatur! Ist es der Sportwagen, der Traktor oder der LKW? Oder haben Sie gar ein ganz anderes Auto gezeichnet?

Quelle: Siemens AG

Solange das Ziel nicht feststeht, ist jeder Weg der richtige

Sie sehen, je nach Kenntnis, Erfahrung und Umgebung wird jeder seine ***eigene Vorstellung*** von einem Auto besitzen. Nur zufällig würde das Produkt die Vorstellung des Auftraggebers treffen.

Stellen Sie sicher, daß Auftraggeber und Projektbeteiligte die gleichen Vorstellungen „im Kopf“ haben. Legen Sie Ziele fest!

Was ist ein Ziel?

Ziel	Gedanklich vorweggenommener, zukünftiger Zustand, der: ❍ bewußt ausgewählt und gewünscht wird, ❍ durch aktives Handeln erreicht wird.

Ein Ziel ist Richtschnur und Maßstab für alle Projektaktivitäten.

Der Projektauftrag

Um Mißverständnisse bei der Zielklärung auszuschließen, empfiehlt es sich, die angestrebten Ziele in einem Schriftstück festzuhalten, dem sog. ***Projektauftrag***.

Projektauftrag: Einführung Neue Postleitzahlen		12.01.93
Projektleiter:	H. Emsig	

Was soll sich ändern?

Zielsetzung:

Einführung der neuen 5stelligen Postleitzahlen zum 01.07.93 für die Konzernmutter und inländische Tochtergesellschaften.

Was soll getan werden?

Aufgabenstellung:

- Entwicklung einer zeit- und kostenoptimalen Umstellungsstrategie für IV-Anwendungen
- Auswahl und Bereitstellung einer wirtschaftlichen Umstellungssoftware
- Maschinelle Umstellung und Adreßdatenbereinigung aller IV-Adreßdatenbestände
- Sicherstellung einer kostenoptimalen Umstellung im "Nicht-IV-Bereich" (z.B. Druckerzeugnisse)
- Information über unternehmensspezifische Postleitzahlen an Lieferanten, ausländische Tochtergesellschaften, Importeure

Was soll bei Abschluß vorliegen?

Zu erarbeitende Ergebnisse:

- Maschinelle Umstellung von ca. 5 Mio Adressen in 50 verschiedenen Adreßdatenbeständen
- Erstellung von Adreßaufklebern zur Verminderung von Neudrucken div. Druckerzeugnisse
- Erstellung von Veröffentlichungen über die neuen Postleitzahlen des Unternehmens
- Installation einer PLZ-Software als Nachschlagewerk im Electronic Mailing System

Budget:

Personal intern	X.XXX TDM
Fremdleistung	XXX TDM
Invest	XXX TDM

Randbedingungen:

Termine und Unterlagen der Deutschen Bundespost

Termine, Meilensteine:

Projektstart	12.01.93
Abschluß Analyse	05.03.93
Installation Umstellungs-Software	14.05.93
Datenbereinigung	7.05.93 - 16.06.93
Datenumstellung	17.06.93 - 01.07.93

Auftraggeber:	**Projektleiter:**
Dr. Wichtig	H. Emsig
Datum, Kurzzeichen	Datum, Kurzzeichen

Ein ungeschriebenes Ziel ist kein Ziel!

Der Projektauftrag ist ***Bindeglied zwischen Auftraggeber und Auftragnehmer*** und dient als ***Legitimationsbasis*** für das weitere Vorgehen. Mit der ***Unterschrift*** beider Vertragspartner erhält der Projektauftrag ***Vertragscharakter***. Er ist für alle Beteiligten verbindlich und ***fordert zum konkreten Handeln auf***.

Prüfen Sie den Projektauftrag auf „Herz und Nieren“! Bei Unklarheiten und Widersprüchen führen Sie eine Klärung mit Ihrem Auftraggeber herbei.

Die Qualität des Projektauftrages

hängt entscheidend davon ab, wie gut es Ihnen gelingt:

(1) Die Aufgabenstellung lösungsneutral zu formulieren
Unterscheiden Sie zwischen der Aufgabenstellung und möglichen Maßnahmen: Was, nicht wie. Die Aufgabenstellung ist nicht die Lösung!

(2) Die Ziele zu konkretisieren
Entwickeln Sie Ihre Zielideen mit Hilfe von ***Brainstorming*** und formulieren Sie Ihre Ziele ***„3dimensional“***:

- Ziel**INHALT**: ***Was*** soll erreicht werden? (z.B. Senkung der durchschnittlichen Bearbeitungszeit pro Werkstück)
- Ziel**AUSMASS**: ***Wie*** genau und mit ***wieviel*** Kraft soll das Ziel erreicht werden? (z.B. Erhöhung der Produktionsquote um 20 % gegenüber dem Vorjahr)
- Ziel**ZEIT**: Bis ***wann*** muß das Ziel erreicht sein? (z.B. sechs Monate nach Projektstart)

Ziele sind überprüfbar, wenn sie bezüglich Inhalt, Quantität und Zeit wenig Interpretationen zulassen! Weder ein Wort, ein Begriff noch eine Maßnahme sind Zielformulierungen!

Nicht:
„Ich werde eine Diät machen!"
Sondern:
„Bis zum Ende des Jahres werde ich mein Gewicht von 90 auf 80 kg verringern!"

(3) Die Ergebnisse überprüfbar zu beschreiben
Ziele müssen anhand ihrer Ergebnisse mit geringem Aufwand überprüft werden können! Verwenden Sie Ihre „Energie" zunächst auf das Finden und Formulieren von Zielen. Das „Wie" der Zielerreichung kommt später.

Stellen Sie sicher, daß Ihre Ziele anspruchsvoll, aber auch erreichbar sind.

Trainieren Sie sich im Erkennen von „lückenhaften Zielen"! Finden Sie heraus, welche „Dimension" bei der Zielformulierung vergessen oder nicht eindeutig beschrieben wurde! Kreuzen Sie an!

A) Ziel meiner beruflichen Karriere ist, zum Abteilungsleiter befördert zu werden.

B) Ich werde jede Woche viermal Fitness-Training machen.

C) Der Energieverbrauch unserer Firma ist bis zum 31.03. dieses Jahres um 15 % zu reduzieren.

D) Die Fehlzeiten unserer Mitarbeiter sind zu minimieren.

Meine Lösung:

	Inhalt	**Ausmaß**	**Zeit**
A)	❑	❑	❑
B)	❑	❑	❑
C)	❑	❑	❑
D)	❑	❑	❑

Die Lösung zu dieser Aufgabe finden Sie im Lösungsteil des Anhangs unter 4.

Was erschwert die Zielklärung?

Erinnern Sie sich noch an das Zieldreieck im Kapitel „Ganzheitliches Projektmanagement“? Ziele können sich gegenseitig beschränken oder gar behindern. In einem Projekt gibt es aber nicht nur Schwierigkeiten bei der Koordination von Sach-, Termin- und Kostenzielen, sondern ebenfalls zwischen den Interessen der verschiedenen Abteilungen, die am Projekt beteiligt sind.

„Es gibt viele Menschen, die über das Ziel streiten, aber nur wenige, die über das Ziel diskutieren!“ (Friedrich Nietzsche)

... und sich einigen

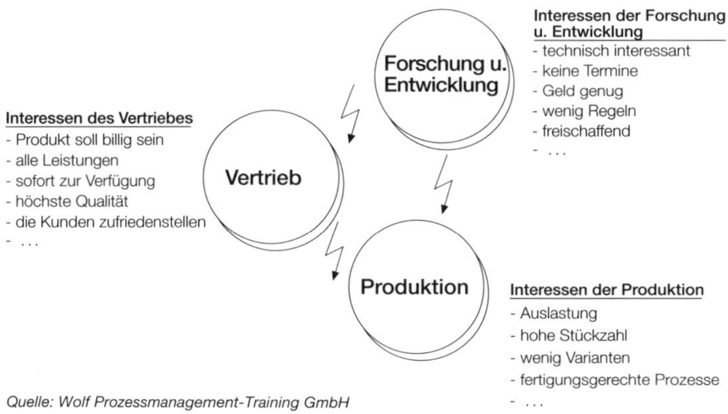

Quelle: Wolf Prozessmanagement-Training GmbH

Projekte erfolgreich abzuwickeln setzt voraus, sich über Ziele einig zu sein. Setzen Sie sich frühzeitig und ganzheitlich mit den Projektzielen auseinander. Sorgen Sie für eine vollständige Transparenz der Projekthintergründe!

Denken Sie an ein konkretes Projekt zurück! Welche Zielkonflikte sind aufgetreten?

Auf dem Weg zur Aufgabenstellung

müssen Sie wissen, wo Sie mit Ihrem Projekt im Augenblick stehen. Sie müssen sich orientieren! Mit den folgenden Checkfragen der Situationsanalyse sammeln Sie diejenigen Tatsachen, die das ***sachliche, zeitliche und soziale Umfeld*** Ihres Projekts in der ***Gegenwart*** und in der ***Zukunft*** beschreiben.

Analyse des sachlichen Umfeldes

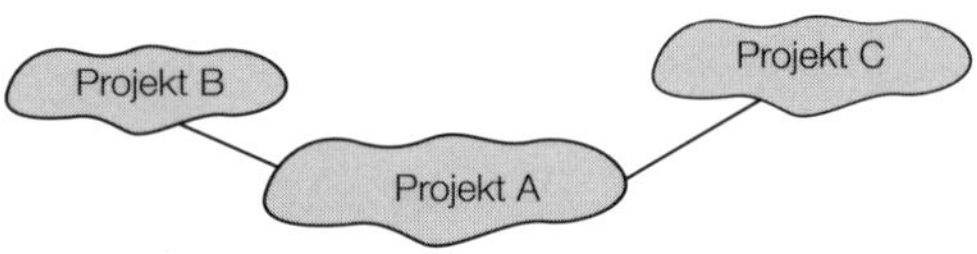

- ❍ Wer ist der Auftraggeber?
- ❍ Wie hoch ist die Bedeutung des Projekts für das Unternehmen?
- ❍ Wer sind die Träger der Projektidee?
- ❍ Wie stehen die Mitarbeiter dem Projekt gegenüber?

Analyse des zeitlichen Umfeldes

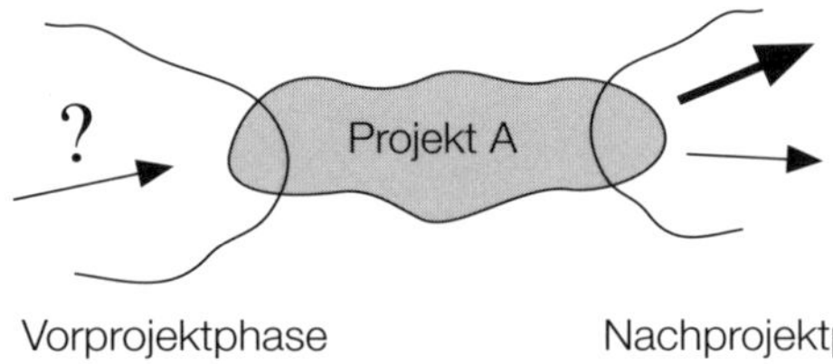

- ❍ Welcher konkrete Anlaß hat zum Projekt geführt?
- ❍ Welche Erfahrungen wurden mit früheren, ähnlichen Projekten gemacht?
- ❍ Welche Entscheidungen müssen berücksichtigt werden?

Analyse des sozialen Umfeldes

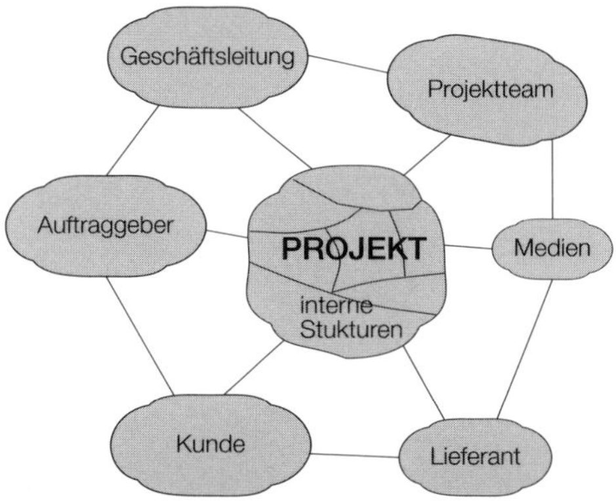

- Welche wichtigen Stellen nehmen Einfluß auf unser Projekt?
- Wer ist in welcher Form durch das Vorhaben betroffen?
- Wer sind die späteren Kunden?
- Welche Personen können Informationen liefern?

Mit der genauen Analyse des Projektumfeldes schaffen Sie im weiteren Projektverlauf die Basis für erfolgreiches Planen, Entscheiden und Handeln!

Nutzen Sie folgende Übung für Ihren Zielfindungsprozeß.

In meinem persönlichen Umfeld möchte ich folgendes ändern:

Genauer gesagt habe ich folgendes Ziel:

(Überprüfen Sie, ob dieses Ziel korrekt formuliert wurde!)

Um dieses Ziel zu erreichen, könnte ich folgende Maßnahmen einleiten:

____

____

Ob ich mein Ziel erreicht habe, kann ich messen, indem ich

____

____

Was/Wer könnte mir bei der Zielerreichung behilflich sein?

____

____

(Einstellungen, Verhaltensweisen, Umfeld, Personen etc.)

Was/Wer könnte meine Zielerreichung behindern?

____

____

(Einstellungen, Verhaltensweisen, Umfeld, Personen etc.)

Das Schlimmste, was mir passieren könnte, wenn ich mein Ziel nicht erreiche, ist:

____

____

Wenn ich mein Ziel nicht erreichen sollte, dann werde ich

____

____

Formulieren Sie für eine Aufgabenstellung, die Sie in den nächsten Wochen/Monaten angehen wollen, einen Projektauftrag!

Projektauftrag: ".."	
Projektleiter:	
Zielsetzung:	
Aufgabenstellung:	
Zu erarbeitende Ergebnisse:	
Budget:	
Randbedingungen:	
Termine, Meilensteine:	
Auftraggeber:	Projektleiter:

Überprüfen Sie Ihren Projektauftrag: Was ist abgeschlossen, was ist noch zu tun?

In meinem Projektauftrag sind die Ziele:

	erledigt	teilweise erledigt	noch unerledigt
schriftlich fixiert	☐	☐	☐
klar und nachvollziehbar	☐	☐	☐
meßbar	☐	☐	☐
vollständig	☐	☐	☐
widerspruchsfrei	☐	☐	☐
realisierbar	☐	☐	☐
allen Beteiligten bekannt	☐	☐	☐
akzeptiert	☐	☐	☐

4 Zielfindung

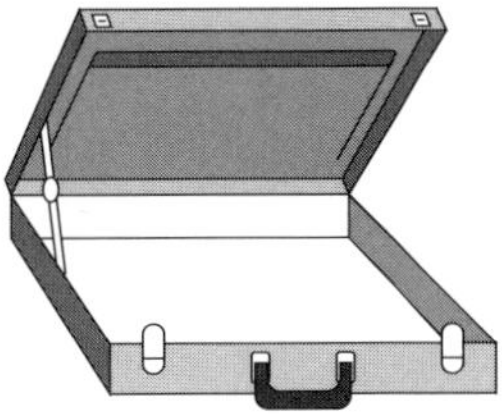

Raum für Ihre Notizen:

5 Ich bin O.K., Du bist O.K.

Konfliktmanagement

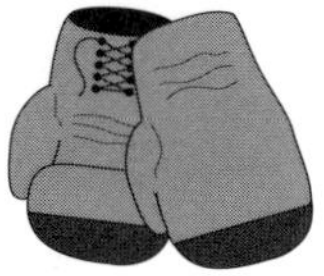

„Wenn zwei Menschen immer wieder die gleichen Ansichten haben,
ist einer von ihnen überflüssig!“
(Winston Churchill)

Inhalte:

- Welche unterschiedlichen Konflikte gibt es in Projekten?
- Warum können Konflikte als Chance gesehen werden?
- Wie sieht der richtige Umgang mit Konflikten aus?

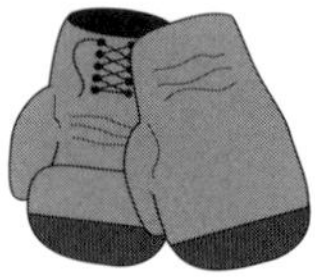

5 Konfliktmanagement

Was ist Konfliktmanagement?

Projektmanagement ist Konfliktmanagement

Der richtige Umgang mit Konflikten ist eine wichtige Voraussetzung für den Projekterfolg. Damit Konflikte nicht zum Ärgernis werden, müssen sie rechtzeitig ***erkannt, richtig analysiert und konstruktiv bearbeitet*** werden. Diese systematische Vorgehensweise wird unter dem Begriff ***Konfliktmanagement*** zusammengefaßt. In der Projektarbeit treten zwar immer wieder Spannungen und Auseinandersetzungen zwischen einzelnen Projektmitarbeitern, Arbeitsgruppen und Abteilungen auf, doch sind sie durch Projektmanagement ***früher erkennbar, überschaubarer und leichter handhabbar.***

Konflikte als Chance?

Nur durch Konflikt entsteht Änderung

Konflikte werden oftmals als Störfaktoren gesehen. Sie behindern unsere Arbeit, kosten Zeit und belasten die Arbeitsatmosphäre. Aus diesem Grund versuchen wir, Konflikte eher zu leugnen und unter den „Teppich zu kehren" als sie zu lösen.

Konflikte und Widerstände jedoch sind ***Motor von Dynamik und Weiterentwicklung***. Wo keine Auseinandersetzung stattfindet, gibt es auch keine Veränderung. Das Unfeine ist daher nicht der Konflikt selbst, sondern die mangelnde Fähigkeit, ihn vernünftig auszutragen.

Nutzen Sie die Chance von Konflikten und Widerständen in der Projektarbeit!

Welche positiven Erfahrungen haben Sie im Umgang mit Konflikten gemacht?

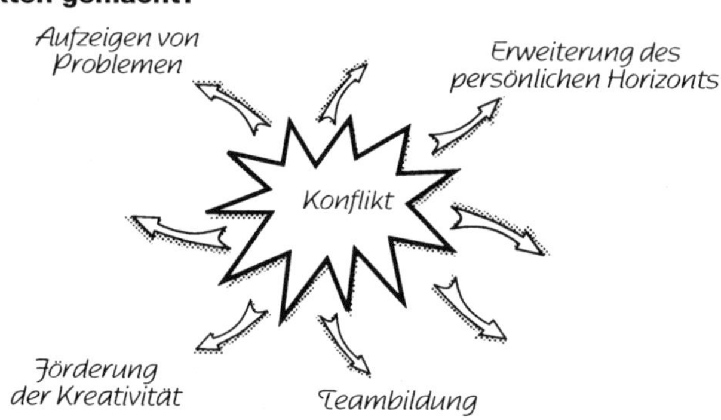

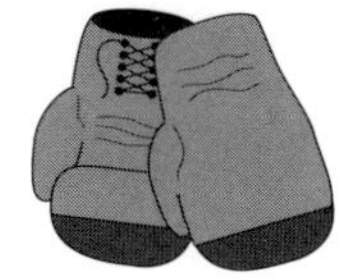

Was „läuft“ bei Konflikten ab?

Brechen Sie aus dem Konfliktkreislauf aus

Konflikte können einen sehr ***unterschiedlichen Verlauf*** nehmen: Sie können lange oder nur kurz andauern, sie können sachlich oder aggressiv ausgetragen werden, sie können offen angesprochen oder indirekt angegangen werden. Trotz dieser Vielfalt lassen sich Vorgänge finden, die für das Verständnis aller Konflikte wichtig sind. Tritt ein Konflikt auf, so folgt er einem allgemeinen Ablaufschema:

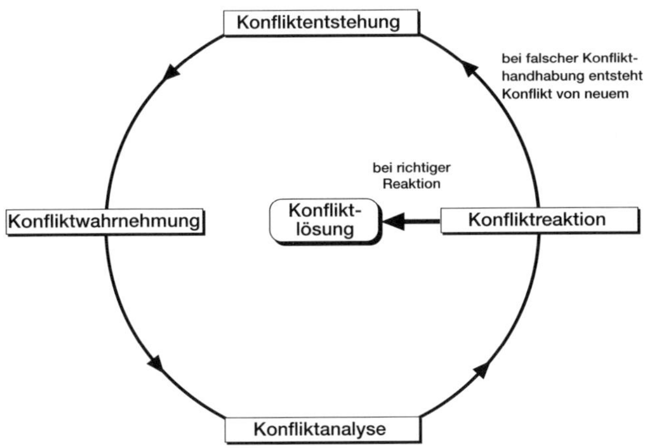

(1) Die Konfliktentstehung

Projektmitarbeiter Hagenbeck kommt mit seiner Aufgabe nicht weiter. Zur Lösung seines Problems benötigt er ein Meßgerät aus einer anderen Fachabteilung, welches er sich - nach Beratung mit seinen Kollegen - auch gleich besorgt. Bei der nächsten Besprechung wird dieser Vorfall zum Thema gemacht. Projektleiter Schmidt hat zwar sachlich nichts dagegen einzuwenden, spricht aber Hagenbeck für die Zukunft die Kompetenz ab, ohne sein Wissen solche Entscheidungen zu treffen und andere Abteilungen aufzusuchen. Hagenbeck widerspricht ihm und beansprucht in diesem und in ähnlichen Fällen eine Entscheidungsbefugnis. Es folgt eine Diskussion über das Thema ...

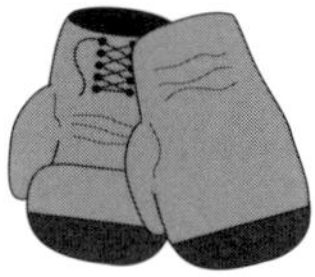

Sind die ***Meinungen, Interessen und Wünsche*** der einen Partei mit den Ansichten der anderen Partei nicht zu vereinbaren, gibt es einen ***„Zusammenstoß“***. Jede Partei möchte ihre eigenen Ziele und Bedürfnisse durchsetzen. Konflikte sind umso wahrscheinlicher, je

- ***verschiedenartiger*** die fachlichen Kenntnisse und Erfahrungen der Mitarbeiter sind,
- ***unklarer*** die Rollen, Funktionen und Kompetenzen für die Projektbeteiligten sind,
- ***weniger*** die Projektziele präzisiert, bekannt und verstanden werden.

Welche Konfliktursachen kennen Sie aus Ihrer Projektarbeit?

____

____

____

Konfliktursachen

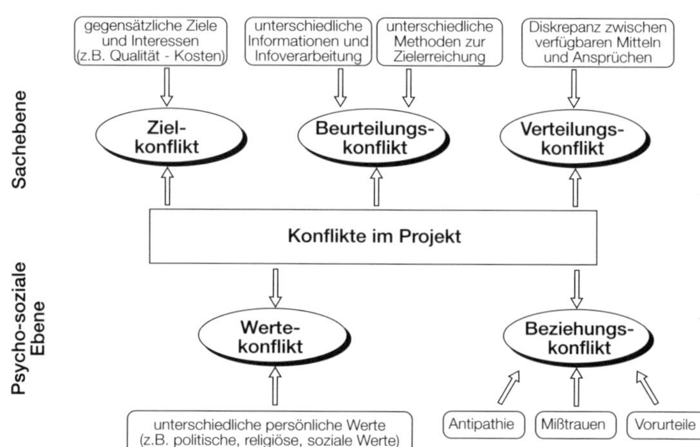

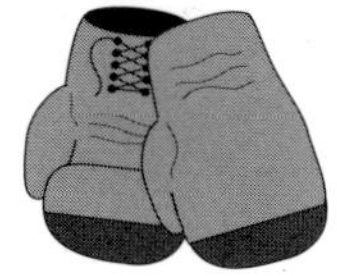

Jedes Projekt hat seine speziellen potentiellen Konfliktfelder. Zu Beginn jedes Projektes sollte man sich diese bewußt machen, um für die Wahrnehmung der entsprechenden Konfliktursachen sensibilisiert zu sein.

Beispiele aus dem Projektalltag für mögliche Konfliktfelder:

- Mangelnde Ressourcen
- Änderung der Rahmenbedingungen / des Projektauftrags
- Sympathie, Antipathie, persönliche Vorurteile
- unerreichbare / zu hoch gesteckte Ziele
- unklarer Projektauftrag
- „Seilschaften" / Politik
- mangelnde Führungs- und Fachkompetenz des Projektleiters
- mangelnde Fachkompetenz und Teamfähigkeit der Mitarbeiter
- mangelnde Identifikation mit dem Projektauftrag
- übertriebener Formalismus des Projekt-Ablaufs
- schlechte Projekt-Planung
- Änderungen in der Teamzusammensetzung
- Art der Teambildung (freiwillig / Zwang)
- schlechte Sachmittelausstattung (PC, Räume...)
- Unklarheit über Aufgaben und Kompetenzen
- mangelnde Unterstützung durch Linie oder Auftraggeber
- Konflikt über den Weg der Zielerreichung

... etc

Viele Konflikte beginnen als verdeckte Konflikte, die oft nur schwer zu erkennen sind. Andererseits neigen überempfindliche Menschen dazu, Situationen zu überschätzen und aus einer Mücke einen Elefanten zu machen. Prüfen Sie im Gespräch, ob andere den Konflikt ähnlich wahrnehmen.

(2) Die Konfliktwahrnehmung

Das Projektteam sitzt geschlossen beim Mittagstisch. Projektmitarbeiter Niederberger und Heinzer unterhalten sich über die Diskussion während der Projektbesprechung. Niederberger teilt Heinzer mit, daß er sie von beiden Seiten als sehr emotional geführt und heftig empfunden habe. Die Sachlichkeit sei verloren gegangen und wichtige Tagesordnungspunkte, die noch zu besprechen wären, seien dadurch in den Hintergrund gerückt. Heinzer entgegnet daraufhin, daß er die Diskussion zwar als sehr lebhaft, aber noch als normal geführt wahrgenomen habe. Das Verhalten von Hagenbeck und Schmidt müsse man nicht überbewerten.

„Wenn die Realität nicht mit meinen Vorstellungen übereinstimmt, umso schlimmer für die Realität!" (Napoleon)

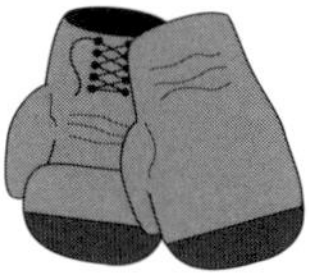

Menschen nehmen Konflikte aus unterschiedlichen Perspektiven wahr. Eine sachlich richtige Beurteilung der Konfliktsituation ist dadurch oftmals sehr schwierig.

Trainieren Sie sich im Erkennen von Konfliktsignalen!

Woran erkennen Sie Konflikte?

Signale für einen Konflikt

Schlechte Teamstimmung
- aggressiver Kommunikationsstil
- verhärtete Diskussionen
- Killerphrasen, Schlagworte unter die Gürtellinie
- Themen zerreden
- keine Kompromißbereitschaft

sich zurückziehen
- Weigerung, Aufgaben zu übernehmen - Verweis auf andere
- Abwesenheit
- Unaufmerksamkeit, Passivität, Vermeidung von Augenkontakt
- Flucht in andere Arbeiten außerhalb des Projektes
- heimliche Blockaden: Aussagen und Handeln klaffen auseinander

nicht eingehaltene Vereinbarungen
Unpünktlichkeit
Unzuverlässigkeit
... etc.

(3) Konfliktanalyse

Projektleiter Schmidt, der diesem Gespräch am Tisch nebenan folgen konnte, ist nachdenklich geworden: War sein Verhalten gegenüber Hagenbeck korrekt oder hat er aufgrund einer Auseinandersetzung mit seinem Vorgesetzten vorher vielleicht doch etwas überreagiert? Wenn er Mitarbeiter im Projekt wäre, hätte er sich dann nicht ähnlich wie Hagenbeck verhalten? Er nimmt sich vor, mit Hagenbeck über diese Auseinandersetzung zu sprechen und ihn über die Hintergründe seines Verhaltens aufzuklären.

Nicht immer klärt sich ein Konflikt wie im Beispiel, daher ist eine gründliche Analyse erforderlich. Wurde ein Konflikt wahrgenommen, ist festzustellen:

- Wer ist alles am Konflikt beteiligt?
- Um welchen Konflikt handelt es sich?
- Wie wichtig ist die Streitfrage?

Diese Einschätzungen nehmen einen ***großen Einfluß*** auf das Verhalten der Beteiligten. Wichtig ist, wie ***differenziert*** die verschiedenen Handlungsweisen wahrgenommen werden und wie realistisch die Konfliktursache beurteilt wird.

Hüten Sie sich davor, einen Konflikt nur von Ihrem Standpunkt aus zu betrachten. Versuchen Sie durch einen Perspektivenwechsel Verständnis sowohl für Ihre Situation als auch für die Situation Ihres Konfliktpartners zu erreichen!

(4) Die Konflikthandhabung

Einen Tag später. Hagenbeck kommt in das Büro von Projektleiter Schmidt und bittet um die Erlaubnis, ein weiteres Mal ein Meßgerät aus einer anderen Fachabteilung holen zu dürfen. Projektleiter Schmidt, dem die Auseinandersetzung noch im Magen liegt, teilt Hagenbeck mit, daß dieser in solchen Fällen ohne sein Wissen handeln kann. Während des Projektkreises sei er emotional sehr aufgeladen gewesen und habe aus einer Mücke einen Elefanten gemacht. Kurz vor der Besprechung habe ihm sein Vorgesetzter mitgeteilt,

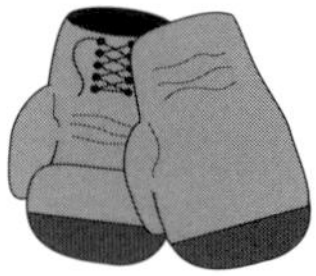

daß trotz guten Projektfortschritts die Projektmitarbeiter in ihren Leistungen noch etwas zulegen müßten. Sein Einwand, zwei zusätzliche Projektmitarbeiter einzustellen, wurde ohne Begründung abgewiesen.
Um seinem Ärger Luft zu machen, sei er schließlich auf Hagenbeck losgegangen. Nachdem die Hintergründe geklärt worden sind, besprechen sie im weiteren Verlauf, wie in Zukunft solche Dinge besser aufeinander abgestimmt werden können.

Haben Sie die Konfliktursachen festgestellt, liegt es an Ihnen, mit welcher ***Strategie*** Sie den Konflikt lösen: Möchten Sie ***Opfer*** sein, d.h. Sie warten ab, was geschieht, oder wollen Sie den Konflikt ***aktiv*** bewältigen. Aktive Konfliktsteuerung bedeutet: ***Sie entscheiden,*** ob Sie den Konflikt ***unterdrücken,*** ihn ***vermeiden*** oder ihn ***angehen*** wollen. Zur Lösung von Konflikten stehen Ihnen verschiedene Strategien zur Verfügung.

Verlierer-Gewinner-Strategie

Flucht, Vermeidung

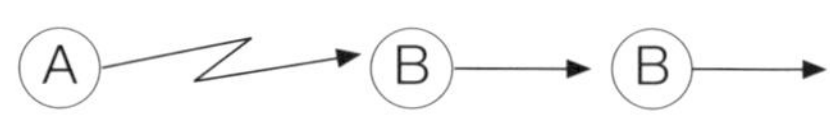

Mit dieser Grundhaltung geben Sie Ihrem Konfliktpartner recht und überlassen ihm widerstandslos das Feld! Damit werden Sie zwar kurzfristig Ihr seelisches Gleichgewicht herstellen, doch wird das eigentliche Problem nicht gelöst. Im Gegenteil: Stecken Sie Kleinigkeiten immer wieder weg (sog. „Rabattmarken kleben"), kann es sogar zu einer ***Verschärfung*** des Konflikts kommen. Ihnen wird nach einer Phase oberflächlicher Ruhe regelrecht die „Sicherung durchbrennen".

Gewinner-Verlierer-Strategie

Kampf

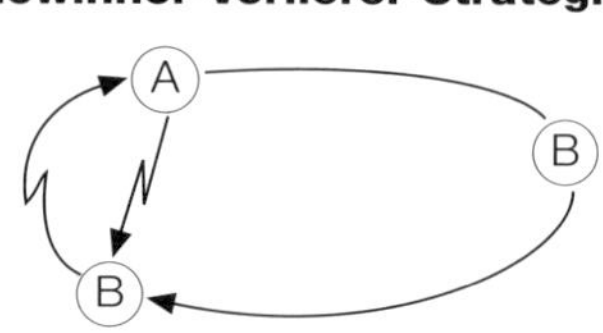

Wenn Sie sich im Vorteil fühlen, werden Sie mit dieser Strategie eine schnelle Konfliktaustragung erreichen. Doch Vorsicht! Der Verlierer ist oftmals bereit, den Kampf wieder aufzunehmen. Er ist dann äußerst aggressiv und wird Ihnen gegenüber Erfolge aufweisen.

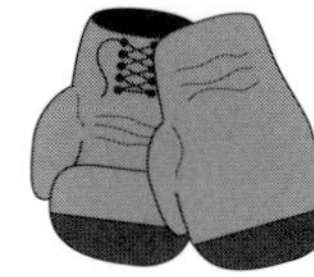

Verlierer-Verlierer-Strategie

Hier wird es keinen Sieger geben. Sie stehen mit Ihrem Konfliktpartner schlechter da als vorher. Soll es nicht soweit kommen, bieten sich zwei Möglichkeiten zur Lösung an:

1. Delegation

Delegation

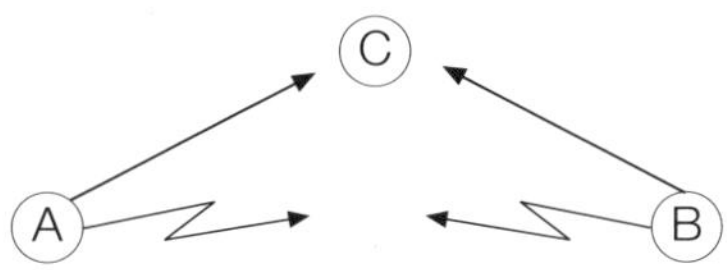

Delegieren Sie den Konflikt auf eine neutrale Partei und akzeptieren Sie den Schiedsspruch! Der Konflikt geht ansonsten von vorne los!

2. Kompromiß

Konsens

Rücken Sie zusammen und suchen Sie nach einem ***„Modus vivendi"***. Seien Sie sich aber darüber im klaren, daß Ihnen ohne den ***Kompromiß*** größere Nachteile entstehen können!

Gewinner-Gewinner-Strategie

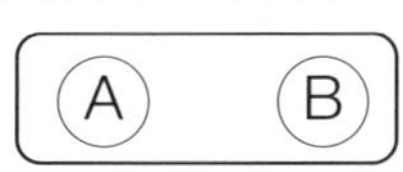

Die beste Lösung des Konflikts ist der Konsens. Mit dieser Strategie durchbrechen Sie den Kreislauf. Hier steht nicht die sachliche Einigung, sondern die ***konstruktive Konfliktbewältigung*** im Vordergrund. Sich widersprechende Meinungen werden diskutiert und ***zu einem besseren Ganzen*** zusammengeführt.

Wer als Gewinner eines Konflikts einen Verlierer zurückläßt, ist früher oder später selbst der Verlierer. Nur Gewinner sind produktive Leistungsträger.

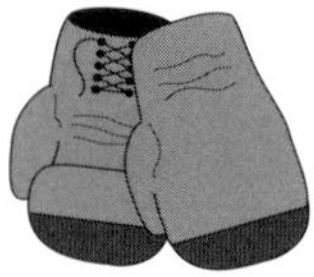

Konfliktlösungsmethoden und ihre Ergebnisse

Lösungsversuch durch	Vorteil	Nachteil
Flucht	- Weg des geringsten Widerstandes - Sicherheit	- Scheinlösung - Konflikte werden aufgeschoben
Kampf	- schnelle Konfliktbewältigung - Abschreckung	- Scheinlösung - „Rachegefühle"
Delegation	- schnelle und sachliche Konfliktlösung	- Schiedsspruch wird nicht akzeptiert - Schlichter oft nicht neutral
Kompromiß	- Verhandlung - Interessen aller werden berücksichtigt	- hoher Zeitaufwand - Gefahr der Manipulation
Konsens	- endgültige Lösung - positive Wirkung	- stellt hohe Anforderungen an die Beteiligten - hoher Zeitaufwand

Beispiele zur Konfliktlösung in Projekten

- Gruppen-, Einzelgespräch mit den Konfliktbeteiligten: Konflikt offen zur Sprache bringen (Metakommunikation)
- Rollen klären (Kompetenz-, Aufgabenabgrenzung)
- Coach: neutraler Spezialist, der die Suche nach der Konfliktursache (Beziehungs- oder Sachebene) unterstützt (eventuell Workshop)
- Konfliktverursacher austauschen
- Projekt abbrechen
- neue Spielregeln vereinbaren

... etc.

Welche Methode zur Konfliktlösung am geeignetsten ist, hängt vom Ergebnis der Analyse ab (situative Entscheidung notwendig!).

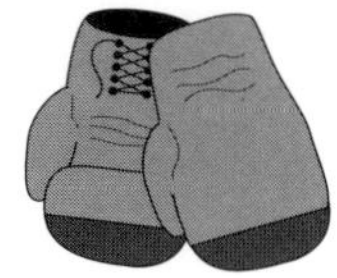

Tips zur Konfliktlösung

1. Die Zeit löst keine Konflikte, sondern läßt sie höchstens einschlafen.
Wenn Sie Konflikte konstruktiv lösen wollen, müssen Sie aktiv etwas unternehmen!
Je früher ein Konflikt erkannt wird, umso besser können Gestaltungs- und Steuerungsmaßnahmen ergriffen werden.

2. Konflikte lösen bedeutet Einstellungen und Verhaltensweisen ändern.
Nehmen Sie sich Zeit, denn es handelt sich um einen Lernprozeß!

3. Konflikte können nicht alleine gelöst werden.
Versuchen Sie, die Bereitschaft der Betroffenen zu wecken, an der gemeinsamen Lösung mitzuarbeiten!

Wie gehe ich mit Konflikten um?

Durch nicht ausgetragene Konflikte geht in vielen Projektgruppen sehr viel Leistungskraft verloren. Hier gilt es Reserven zu mobilisieren! Schätzen Sie sich selbst ein!

In meinem Projekt	stimmt	stimmt teilweise	stimmt nicht
❍ mache ich mir klar, wo es mögliche Konfliktherde gibt	☐	☐	☐
❍ packe ich Konflikte aktiv an	☐	☐	☐
❍ bin ich bereit, an einer gemeinsamen Lösung zu arbeiten	☐	☐	☐
❍ steuere ich nicht vorschnelle Lösungen an	☐	☐	☐
❍ signalisiere ich dem Partner, daß ich ihn als Menschen schätze	☐	☐	☐
❍ verschärfe ich die Fronten nicht zusätzlich	☐	☐	☐
❍ schaffe ich mir Rückzugsmöglichkeiten ohne Gesichtsverlust	☐	☐	☐
❍ hole ich „neutrale“ Hilfe, wenn ich selbst betroffen bin	☐	☐	☐
❍ habe ich mit dem Konfliktpartner Geduld	☐	☐	☐
❍ strebe ich einen Konsens nach der „Jeder-Gewinnt-Methode“ an (Gewinner-Gewinner-Strategie)	☐	☐	☐

Was ist Ihnen bei der Konfliktaustragung noch wichtig?

Ihre Schlußfolgerungen daraus:

Sind Sie ein Konflikt-Typ? Ein kleiner (nicht ganz ernst gemeinter) Test.

Sie sehen hier drei geometrische Abbildungen: einen Kreis, ein Dreieck und ein Quadrat:

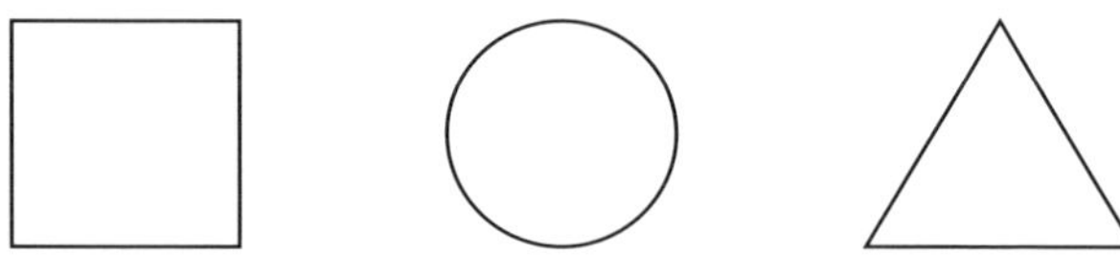

Versuchen Sie, mit Kreis, Dreieck und Quadrat, eine menschliche Figur zu erstellen. Eine von den geometrischen Abbildungen dürfen Sie dreimal dazu benutzen; die beiden übrigen je nach Wahl ein- und zweimal.

Hier können Sie zeichnen:

Eine Lösung zu dieser Aufgabe finden Sie im Lösungsteil des Anhangs unter 5.

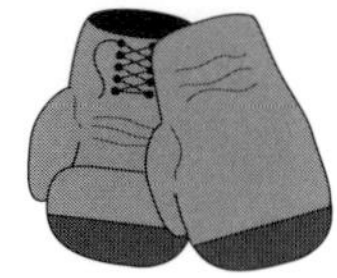

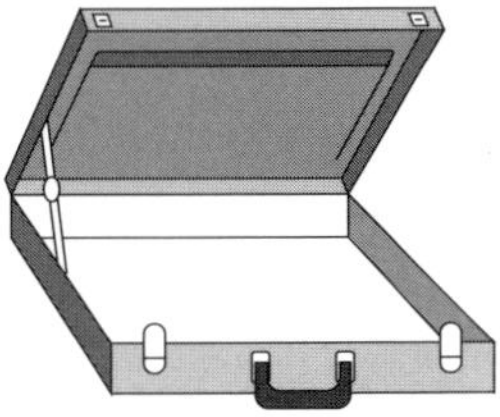

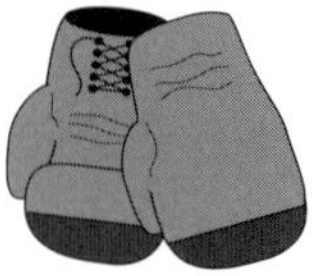

Raum für Ihre Notizen:

6 Gut geplant ist halb gewonnen

Projektplanung

Zwei Schritte vor und ein' Schritt zurück,
das ist der ganze Planungstrick!

Inhalte:

- ❍ Was kann ich mit Planung erreichen?
- ❍ Welche Schritte werden in der Planung durchlaufen?
- ❍ Wie wende ich Planungshilfsmittel sinnvoll an?

Postkarte von Peter Gaymann / © Fackelträger Verlag

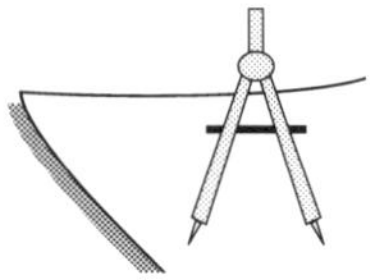

6 Projektplanung

Was heißt planen?

Bevor der Winter ins Land zog, überlegte der Bär, wo er wohl seinen Ruheplatz einrichten sollte, damit er ungestört Winterschlaf halten könnte. Als er eine umgestürzte Fichte fand, dachte er, das wäre genau das Richtige, und machte sich gleich daran, unter den Wurzeln eine Höhle zu bauen. Da kam der Fuchs vorbei. Er bewunderte den Bau und fragte schließlich: „Könnte ich mir nicht im ersten Stock auch eine Wohnung einrichten?" Der Bär hatte nichts dagegen. Da kam der Dachs. „Ist das ein schönes Haus", sagte er bewundernd. „Wie gerne würde auch ich hier wohnen. Mir genügt ein Balkon". „Wir haben nichts dagegen", erwiderten der Bär und der Fuchs. Und schon kam ein Eichhörnchen. „Eurem Haus fehlt ein Turm", sagte es. „Der wäre für mich wie geschaffen". Und ohne auf das Einverständnis der anderen Tiere zu warten, machte es sich an den Turmbau. Da kam ein Vogel geflogen und bat: „Darf ich mir an deinem Turm eine Stange anbringen?" Und schon steckte er kleine Zweige in die Kuppel des Turmes. An diese Zweige stieß eine Mücke an, die auch hier bei den anderen wohnen wollte, und da fiel das ganze Haus ein!

Zeigt diese Geschichte aus dem Tierreich Parallelen zu real existierenden Projekten? In welchen Situationen haben Sie ähnliche Erfahrungen gemacht?

Planen heißt:

Planen ist Vorbeugen

- das zukünftige Handeln im Projekt zu durchdenken,
- den langen Weg zwischen Ausgangspunkt und Ziel zu suchen und „abzuschreiten",
- mit den zur Verfügung stehenden Mitteln das geforderte Ziel zu erreichen.

„Einen Profi erkennt man daran, daß er weiß, was er tut."

6 Projektplanung

Eine systematische, zielorientierte Planung auf der ***Basis des Projektauftrages*** ist ***Grundlage jeder erfolgreichen Realisierung***. Die Planung muß sorgfältig ***Schritt für Schritt*** und ***realitätsbezogen*** durchgeführt werden, um die im Projektauftrag vorgegebenen Ziele zu erreichen.

Zwei Schritte vor und ein' Schritt zurück

Planung ist ***kein statischer, sondern ein dynamischer Prozeß***. In der Planungsphase müssen einmal festgelegte Plandaten häufig durch neue Erkenntnisse in den nachfolgenden Planungsschritten wieder verändert werden.

Planung gibt es nicht zum Nulltarif

Der Planungsprozeß selbst ist ***Bestandteil des gesamten Projektes*** und erstreckt sich häufig über einen längeren Zeitraum. Je nach Projektgröße sind dafür bereits umfangreiche personelle und finanzielle Mittel aufzuwenden.

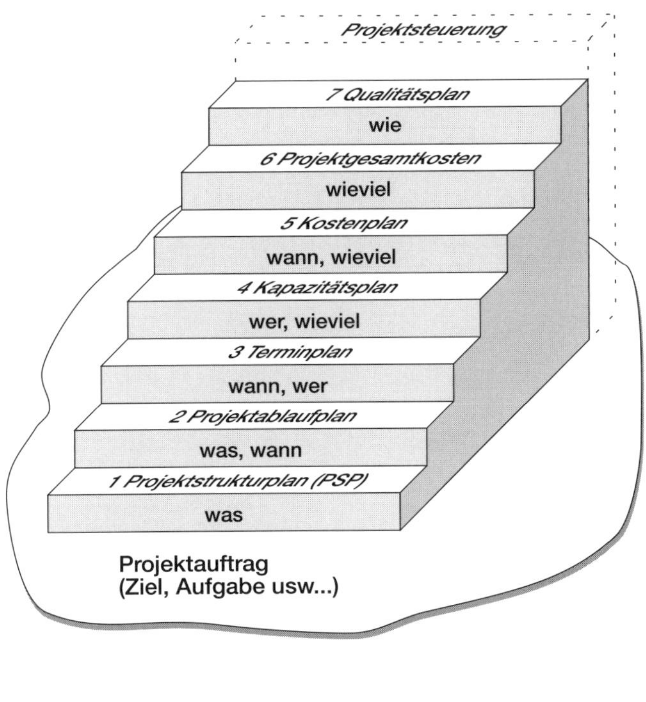

Stellen Sie sich vor, Sie wollen ein Haus bauen. Zu Ihrem persönlichen Auftrag sind Ihnen bisher nur folgende Punkte bekannt: Einfamilienhaus, Garage; Grundstück ist vorhanden. Zählen Sie Punkte auf, die Sie bei der Planung dieses Projektes berücksichtigen müssen.

Projektorganisation

Am Projekt „Hausbau“ wird deutlich, daß zur Realisierung mehrere Beteiligte aus unterschiedlichen Bereichen eingesetzt werden müssen.
Für jedes Projekt ist eine Projektorganisation festzulegen, die zur Umsetzung der im Projektstrukturplan (siehe Seite 73ff.) dargestellten Aufgaben dient.

Welche Rollen kann es in einer Projektorganisation geben?

Beispiel Hausbau:

- Auftraggeber: Bauherr
- Projektleiter: Architekt
- Teilprojektleiter: „Chef“ der beteiligten Firmen (z.B. Schreiner)
- Teammitglieder: Mitarbeiter der beteiligten Firmen

Jeder Rolle werden Aufgaben, Kompetenzen und Verantwortung zugewiesen.

In der Projektorganisation wird das Zusammenspiel der Beteiligten geregelt, und Entscheidungsabläufe zwischen den Projektrollen werden vereinbart.

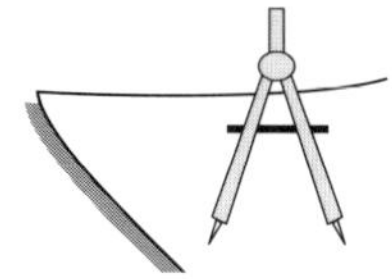

Bei dem Projekt „Hausbau“ könnten folgende Vereinbarungen getroffen werden:

1. Wöchentliche Besprechungen zwischen Bauherr (Auftraggeber) und Architekt (Projektleiter) im Baubüro.
2. Werden Termine um mehr als einen Tag überschritten, melden die Firmen den Terminverzug dem Architekten.
3. Mitteilung an die Projektbeteiligten, wo die Bauunterlagen einzusehen sind.
4. Bekanntgabe der Telefonnummer, unter welcher der Architekt für die beteiligten Firmen zu erreichen ist.

Die Auswahl und Benennung der Projektmitarbeiter wird in Absprache mit dem Auftraggeber vorgenommen.

Welche Schritte werden in der Projektplanung durchlaufen?

Planung beginnt mit dem Ermitteln aller Tätigkeiten

Zunächst wird das Projekt in ***überschaubare und abgrenzbare Aufgaben*** zerlegt, um eine ***Übersicht aller Aktivitäten*** zu erhalten. Anschließend sind die gesamten Aktivitäten zu ordnen. Die geordneten Aktivitäten werden durch eine hierarchische Gliederung zu einem

1. Projektstrukturplan (PSP)

zusammengeführt.

Der Projektstrukturplan setzt sich zusammen aus der Beschreibung von:

- Hauptaufgabe,
- Teilaufgaben,
- Arbeitspaketen.

Der Projektstrukturplan kann objektbezogen, funktionsorientiert (Tätigkeiten) oder gemischt (Objekt und Funktionen) erstellt werden.

Beschreiben Sie, was und nicht wie es zu tun ist so ausreichend, daß die nachfolgenden Planungsschritte durchführbar sind.

Projektstrukturplan

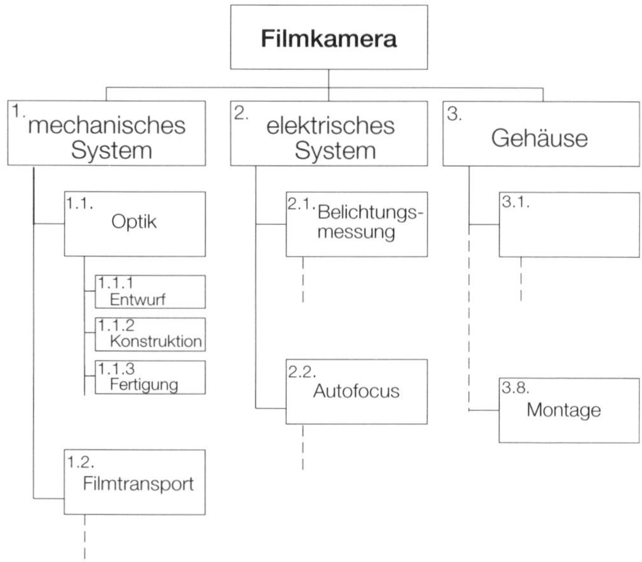

Mit den nachfolgenden Fragen können Sie den Projektstrukturplan hinsichtlich Vollständigkeit und Durchführbarkeit des Projektes überprüfen:

- ❍ Führt die Abarbeitung der Arbeitspakete zum fertigen Projekt?
- ❍ Ist jedes Arbeitspaket hinsichtlich zu erbringender Leistung, Terminen und Kosten eindeutig definiert?
- ❍ Kann eine Zuordnung der Arbeitspakete zu einzelnen Mitgliedern der Projektgruppe getroffen werden?

Wenn Ihr Projektstrukturplan vollständig ist, haben Sie die Basis für die Ablauf-, Zeit-, Kapazitäts- und Kostenplanung erarbeitet.

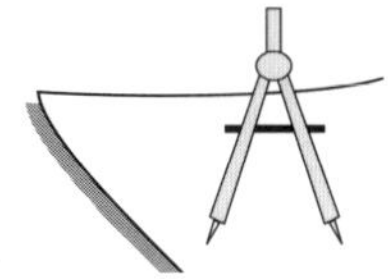

Welche der Punkte aus dem Projekt „Hausbau“, die Sie zuvor gesammelt haben, würden Sie in den Projektstrukturplan aufnehmen? Ordnen Sie Ihre Punkte in das Strukturschema ein.

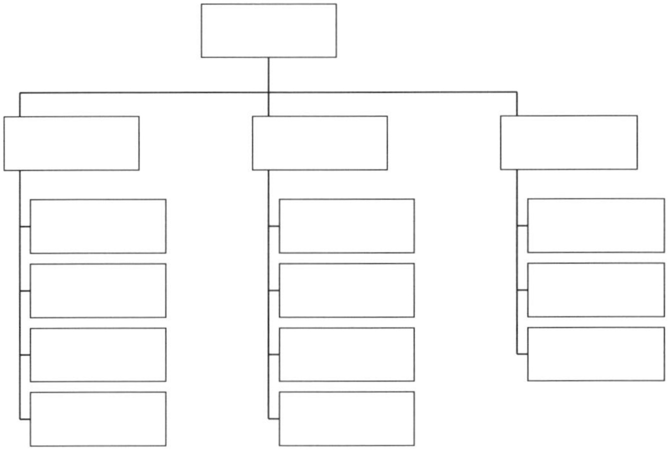

Eine mögliche Lösungsvariante dieser Aufgabe finden Sie im Lösungsteil des Anhangs unter 6.1.

Nachdem Sie festgelegt haben, ***was*** Sie alles machen müssen, ist nun die ***Reihenfolge*** der Abarbeitung Ihrer Arbeitspakete zu bestimmen. Dazu stellen Sie einen

2. Projektablaufplan (PAP)

auf und beantworten folgende Fragen:

- In welcher logischen Reihenfolge sind die Arbeitspakete auszuführen?
- Welche Arbeitspakete können parallel bearbeitet werden?
- Welcher Kapazitäts- und Zeitbedarf ist für die Bearbeitung der einzelnen Arbeitspakete notwendig?

Projektablaufplan

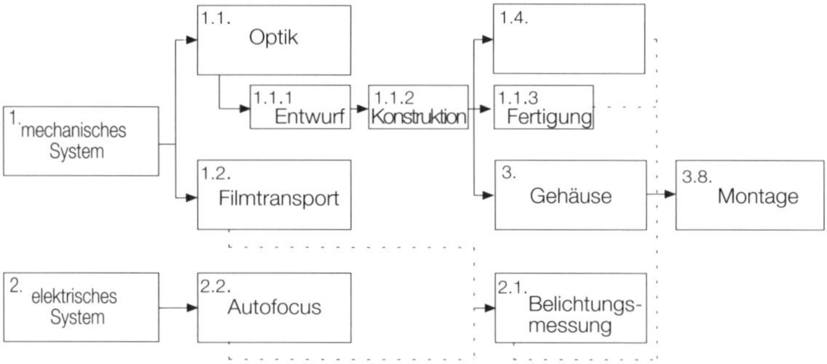

Neue Erkenntnisse müssen in alle Planungselemente eingearbeitet werden!

An dieser Stelle ist eine ***Aufwandsschätzung*** notwendig, d.h wieviel Ressourcen werden für die Bearbeitung der einzelnen Arbeitspakete benötigt. Spätestens hier werden Sie feststellen, ob Sie in Ihrem Projektstrukturplan die Arbeitspakete ausreichend detailliert geplant haben.

Falls erforderlich, ergänzen Sie Ihren Projektstrukturplan!

Stellen Sie für das Projekt „Hausbau" einen Projektablaufplan auf!

Eine mögliche Lösungsvariante für diese Aufgabe finden Sie im Lösungsteil des Anhangs unter 6.2.

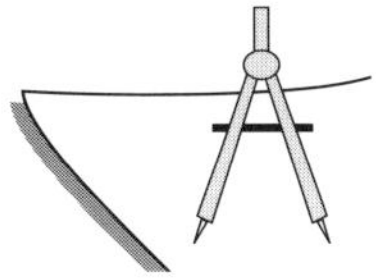

Mit dem Projektstrukturplan und dem Projektablaufplan haben wir die Grobplanung abgeschlossen. Mit diesen Ergebnissen gehen wir ***vom Groben ins Detail*** und stellen jetzt einen

3. Projektterminplan

auf. Der Terminplan gibt Auskunft, ***wann von wem welche Arbeitsergebnisse vorliegen müssen***. Sie ermitteln dazu für jedes Arbeitspaket:

Wer macht wann was?

- den Anfangs- und Endtermin,
- die Verantwortlichen und Beteiligten.

Je nach Komplexität des Projektes eignen sich für die Darstellung des zeitlichen Ablaufes ***unterschiedliche Instrumente***:

3.1. Tabellarische Liste

Nr. Arbeits-paket	Verantwortlich	Termin	
		von	bis
1.1.	Emsig	15.2.	18.3.
1.2.			
2.1.			
2.2.			
2.3.			
2.4.			
2.5.			
2.6.			

Es werden die Arbeitspakete in der ***Reihenfolge der Abarbeitung*** mit ***Terminen und Beteiligten*** aufgeführt. Für einfache Projekte ist dies ein ausreichendes Instrument.

3.2. Balkendiagramm

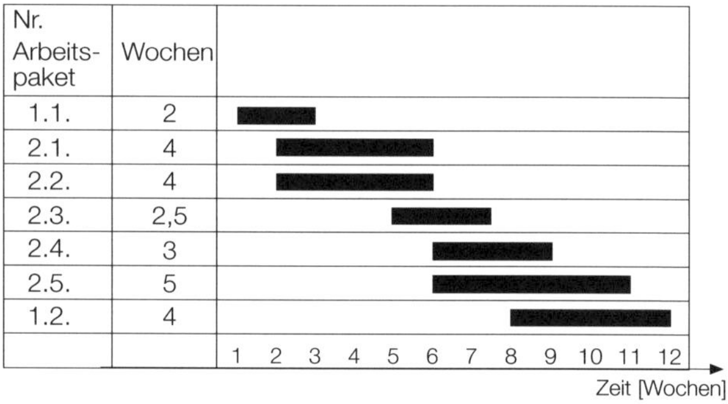

Die Arbeitspakete werden als ***Balken über einer Zeitachse*** dargestellt. Die Längen der Balken entsprechen der zeitlichen Dauer und geben damit einen optisch klaren Überblick über die Dauer der einzelnen Arbeitspakete sowie des Gesamtprojektes. Die Skalierung der Zeitachse wird so festgelegt, daß ein „lesbares" Diagramm entsteht. Für kritische oder unübersichtliche Phasen sollten Sie sich eine „Vergrößerung" für diesen Zeitabstand „zoomen" und zusätzlich einen Detailterminplan aufbauen.

Stellen Sie in einem Balkendiagramm für Ihr Projekt „Hausbau" die Termine für Ihre Arbeitspakete dar.

Nr.	Verantwortlich	Wochen	
			1 2 3 4 5 6 7 8 9 10

Zeit [Wochen]

Eine mögliche Lösungsvariante dieser Aufgabe finden Sie im Lösungsteil des Anhangs unter 6.3.

Die zur Projektarbeit erforderlichen ***Ressourcen*** werden in einer

4. Kapazitätsplanung

auf die ***verfügbaren Mitarbeiter, Maschinen und Anlagen*** aufgeteilt. Das Ergebnis ist eine Gesamtübersicht aller zur Abarbeitung des Projektes erforderlichen Kapazitäten zu geplanten Terminen während der Projektlaufzeit.

Wieviel Personal und Betriebsmittel werden benötigt?

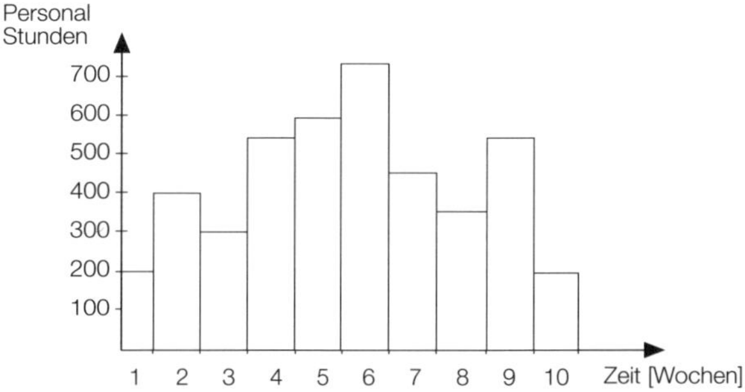

Diese Informationen benötigen alle Projektbeteiligten und Fachabteilungen, um den voraussichtlichen Bearbeitungsaufwand und die Auslastung zeitlich einplanen zu können.

5. Kostenplanung

Je nach Projektauftrag benötigen Sie ***Finanzmittel,*** um Kosten ***für Material, Fremdleistungen, externes Personal, Investitionen*** usw. abdecken zu können. Die Kosten werden je Arbeitspaket ermittelt und als Gesamtübersicht über die Projektlaufzeit dargestellt.

Wieviel Geld ist wann für was bereitzustellen?

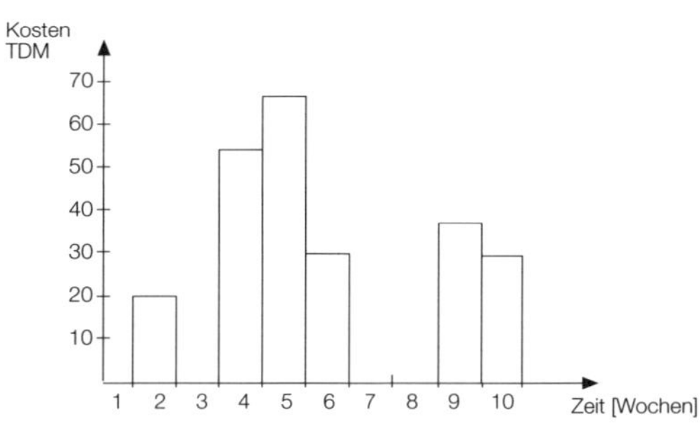

Da zwischen Termin-, Kapazitäts- und Kostenplanung große Abhängigkeiten bestehen, wird eine mehrmalige Anpassung der Planungsinhalte erforderlich.

Welche Zielkonflikte werden bei einer Kapazitäts- und Kostenplanung offenkundig?

Ihre Erkenntnisse stimmen mit der Realität überein, wenn Sie u.a. folgende Punkte notiert haben:

- generell zu wenig verfügbar,
- nicht zum geplanten Zeitpunkt verfügbar,
- Kapazitätsspitzen nicht abdeckbar.

Konsequenz? Optimierung der gesamten Planung!

Wenn Sie dieses Stadium der Planung erreicht haben, muß eine Optimierung der gesamten Planung, beginnend bei der Ablauf- und Terminplanung, vorgenommen werden, ohne daß Sie den Projektabschlußtermin in Frage stellen!

Möglicherweise stellen Sie nach mehreren Überarbeitungen fest, daß hier ein ***Zielkonflikt*** vorliegt, d.h. mit den verfügbaren Ressourcen kann die geforderte Sachleistung nicht zum geplanten Termin erstellt werden.

In diesem Fall müssen mit dem Projektauftraggeber neue Vereinbarungen getroffen werden.

Die Ergebnisse aus der Kapazitäts- und Kostenplanung fließen in eine

6. Gesamtkostenbetrachtung

Was kostet das gesamte Projekt?

des Projektes ein. Zu den in der Kostenplanung ausgewiesenen Finanzmitteln müssen die in der Kapazitätsplanung stehenden Positionen in Geld bewertet werden: Personal und Betriebsmittel werden in Kosten pro Zeiteinheit umgerechnet. Diese Kosten werden über der Zeitachse dargestellt, die Summierung führt zu den Gesamtkosten des Projektes.

Abschließend soll noch die

7. Qualitätsplanung

Welche Anforderungen stelle ich an die Qualität, und wie kann ich sie messen?

erwähnt werden. Hier wird spezifiziert, welche Anforderungen die zu erbringende Sachleistung erfüllen muß. Das heißt: ***Qualität muß geplant, kontrolliert und gesichert werden***. Jede Leistung muß so beschrieben werden, daß bei der Abnahme eine eindeutige Messung des Ergebnisses möglich ist. Wie Sie dies erreichen, wurde im Kapitel „Zielfindung“ behandelt. Als Beispiel zur Qualitätsplanung können DIN-Normen oder Lieferantenbewertungen angeführt werden.

8. Risikoanalyse

Welche Risiken können auftreten?

Eine oft vernachlässigte, aber dennoch sehr wichtige Aufgabe der Projektplanung besteht in der Untersuchung, welche ***möglichen Risiken und Schwierigkeiten*** bei der zukünftigen Projektdurchführung auftreten können. Im Rahmen einer Risikoanalyse werden Vorgänge im Projektumfeld geprüft, die einen negativen Einfluß auf die Zielerreichung haben.

Überlegen Sie sich Alternativen und vereinbaren Sie mit den Beteiligten Notfallpläne. Agieren ist besser als reagieren!

Fazit: Was kann ich mit Planung erreichen?

Planung heißt, Probleme aufzeigen und lösen, bevor Sie eintreten können.

Wesentliche Ergebnisse einer Planung sind:

- Sichere Aussagen zum Projektablauf,
- Ermittlung von kritischen Faktoren im Projektablauf zur Verminderung des Projektrisikos,
- Ermöglichung des zielgerichteten Einsatzes aller Projektressourcen,
- Basis zur effizienten Projektsteuerung.

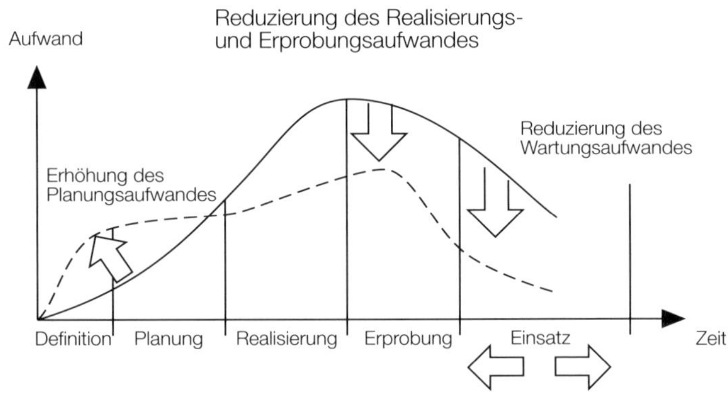

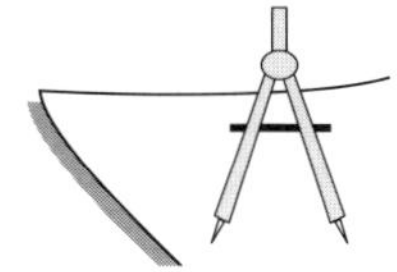

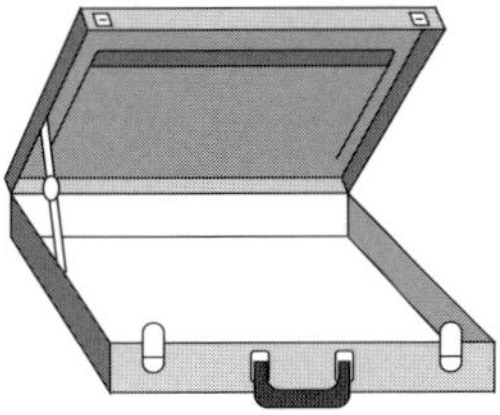

Raum für Ihre Notizen:

7 Heute die Weichen für morgen stellen

Projektsteuerung

Inhalte:

- Wozu Projektsteuerung?
- Wie funktioniert Projektsteuerung?
- Welche Planungsinstrumente werden zur Projektsteuerung eingesetzt?

„Die Schienen sind fertig verlegt, Boß. Es gibt nur noch ein kleines Problem mit Ihrem Plan!"

Wozu Projektsteuerung?

Abläufe und Ereignisse treten in der Projektrealisierung nicht immer so ein, wie sie ursprünglich geplant wurden. Es kommt zu ***Abweichungen zwischen*** dem realen Projektablauf ***„IST“*** und der Planung ***„SOLL“***. Projektsteuerung beinhaltet ***alle Aktivitäten***, die erforderlich sind, um:

- das Projekt im Rahmen der Planungswerte abzuwickeln,
- die Projektplanung ständig weiter zu verbessern,
- dem Ziel „step by step“ näher zu kommen.

Steuern heißt: den Weg - die Planung - einhalten.

Welche Gründe können zu einer Abweichung zwischen „IST“ und „SOLL“ führen? Denken Sie dabei an ein konkretes Projekt zurück!

1. ____

2. ____

3. ____

Eine Antwort auf diese Frage finden Sie im Lösungsteil des Anhangs unter 7.

Wie funktioniert eine sinnvolle Projektsteuerung?

Für eine effiziente Projektsteuerung ist eine ***laufende Überwachung*** des Projektfortschritts erforderlich. ***„Geplantes“ wird mit „Tatsächlichem“ verglichen.*** Gegenstand der Überwachung sind primär Termine, Kosten und Sachleistung, in zweiter Linie Arbeitsbedingungen, Motivation der Mitarbeiter, Führungsverhalten etc. Generell besteht der Überwachungs- und Steuerungsprozeß aus drei Phasen:

1. ***Erfassung*** des IST-Standes,
2. ***Analyse*** und Interpretation von IST-SOLL-Abweichungen,
3. ***Einleitung*** von Korrekturmaßnahmen.

Wirkungsmodell einer Projektsteuerung

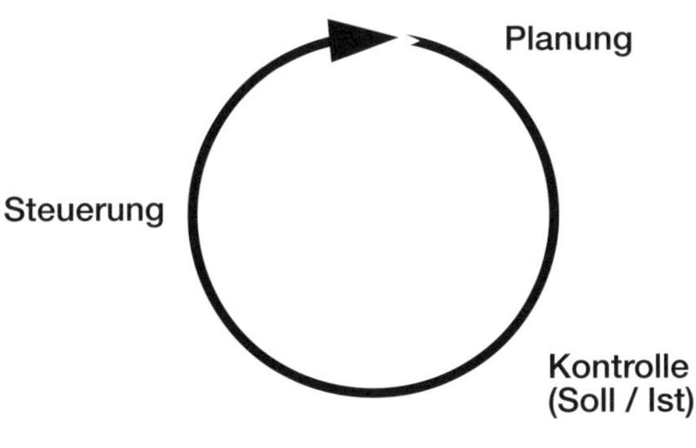

Abweichungen
- erkennen
- untersuchen
- beheben

Beispiel eines SOLL/IST - Kostenvergleichs

	SOLL/IST - Vergleich		ABWEICHUNGS-ANALYSE	BEURTEILUNG
	GEPLANT	IST		
PERSONAL	70	72	- 2	geringer Überzug (-3 %)
MATERIAL	12	10	+ 2	17 % Einsparung
ZUKAUFTEILE	8	18	- 10	125 % Überzug
FREMDLEISTUNGEN	2	1	+ 1	50 % Einsparung
MIETEN	3	3	---	---
REISEN	5	6	- 1	20 % Überzug
USW.	--	--	---	---
INSGESAMT	100	110	- 10	-10 % Überzug

Beispiel einer Korrekturmaßnahme im Projekt

Bei einem Fahrzeugbauteil wird im Entwicklungsstadium ein Gewichtsüberzug von 10 % festgestellt. Aufgrund eines vertraglich festgelegten Systemgewichts würde diese 10prozentige Gewichtserhöhung zu einer Vertragsstrafe von 100 TDM führen. Um Gewicht einzusparen, entscheidet sich die Projektleitung für eine Konstruktions- und Materialänderung. Diese Reduktionsmaßnahme zieht aber ebenfalls Kosten nach sich: 70 TDM werden für die Neukonstruktion und Beschaffung des neuen Materials veranschlagt, 50 TDM Vertragsstrafe ergeben sich aus einem 3monatigen Terminverzug. Geschätzte Gesamtmehrkosten: 120 TDM. Erst eine erneute Analyse mit Experten der Konstruktions- und Finanzabteilung zeigt den günstigsten Weg auf. Das Gewicht wird um 5 % reduziert: Für den Gewichtsüberzug ergibt sich eine Vertragsstrafe von 100/2 = 50 TDM. Mehrkosten für die erheblich leichter zu erreichende 5prozentige Gewichtsreduktion = 20 TDM. Durch Überstunden lassen sich bei einer voraussichtlichen Terminverzögerung um ca. einen Monat weitere 15 TDM einsparen. Gesamtkosten 85 TDM.

Integrierte Projektsteuerung heißt, die abgeleiteten Korrekturmaßnahmen auf ihre mehrdimensionalen Auswirkungen bezüglich aller Zielvorgaben zu prüfen!

Welcher Zusammenhang besteht zwischen Projektplanung und Projektsteuerung?

Die Projektplanung kann den tatsächlichen Projektverlauf nur theoretisch vorwegnehmen. Eine Kontrolle und Steuerung in der Realisierungsphase kann daher immer nur so gut sein, wie die vorangegangene Planung war.

Projektsteuerung ist die konsequente Fortführung der Projektplanung in der Realisierungsphase

Je besser Ihre Planung ist, umso weniger werden Sie improvisieren müssen, um Ihr Projekt wieder auf den richtigen Kurs zu bringen!

Wer ist für die Projektsteuerung verantwortlich?

Die Steuerung eines Projekts liegt in den Händen der Projektverantwortlichen. Das bedeutet: Der ***Auftraggeber*** ist verantwortlich für die Einbettung des Projekts in das Gesamtunternehmen, der ***Projektleiter*** für das Projekt, die ***Teammitglieder*** für die Arbeitspakete.

Agieren statt reagieren

Wann beginnen Sie mit der Projektsteuerung?

Je früher desto besser

Die Projektsteuerung ist eine ***kontinuierliche Aufgabe*** während der ***gesamten*** Projektlaufzeit. Je ***früher*** Sie aber Abweichungen zwischen geplantem und tatsächlichem Projektverlauf feststellen, desto einfacher und kostengünstiger lassen sie sich beheben. Spätestens an den ***Meilensteinen*** werden Sie Ihre Ergebnisse danach beurteilen müssen, ob:

- es wirtschaftlich sinnvoll ist, das Projekt weiterzuführen,
- mit abgeänderter Zielsetzung weitergearbeitet wird oder
- das Projekt ganz abgebrochen wird.

Welche Möglichkeiten haben Sie zu steuern?

Als „Steuermann“ können Sie in Ihrem Projekt an folgenden „Schrauben“ drehen:

Sachebene

- **Leistungsumfang**
  mit dem Auftraggeber die Projektziele neu definieren

- **Qualität**
  Testphase entfallen lassen

- **Kapazität**
  - Anzahl der Mitarbeiter erhöhen
  - Überstunden

Beziehungsebene

- **Motivation**
  - Geld
  - Incentives

Kann das Projektziel sinnvoll nicht mehr erreicht werden, finden Sie den Mut, das Projekt abzubrechen! Sie verhindern damit Investitionsruinen, die Ihr Unternehmen und die Projektbeteiligten unnötig belasten.

Denken Sie ebenso daran, Kräfte der Selbststeuerung zu aktivieren!

„Wenn Du ein Schiff bauen willst, dann trommle nicht die Männer zusammen, um Holz zu beschaffen, Aufgaben zu vergeben und die Arbeit einzuteilen, sondern lehre die Männer die Sehnsucht nach dem weiten, endlosen Meer“. (Antoine de Saint-Exupéry)

Welche Instrumente zur Projektsteuerung kennen Sie? Kreuzen Sie an!

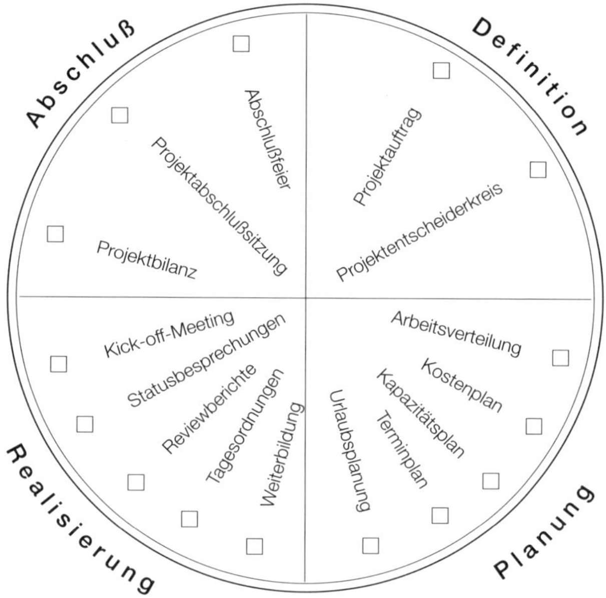

Nennen Sie die wichtigsten Vorteile des Einsatzes von Projektsteuerungsinstrumenten:

____

____

Welchen Instrumenten sprechen Sie in Ihrem Aufgabengebiet die höchste Wirksamkeit zu?

____

____

7 Projektsteuerung

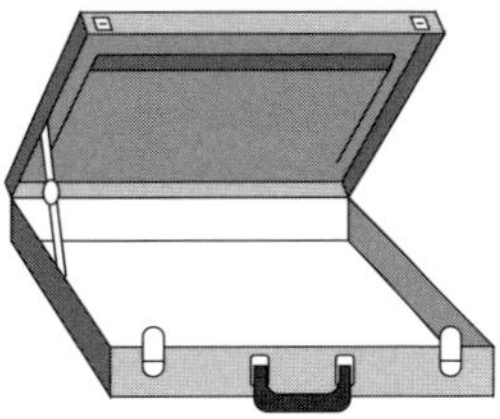

Raum für Ihre Notizen:

8 Ein starkes Team gibt den richtigen Schub

Teamarbeit

„Wenn wir uneins sind, gibt es wenig, was wir können.
Wenn wir uns einig sind, gibt es wenig, was wir nicht können!“
(John F. Kennedy)

Inhalte:

- Wie wird ein Team richtig besetzt?
- Wie entwickelt sich ein Team?
- Was sind die Grundlagen einer partnerschaftlichen Gesprächsführung?

①

②

Was ist der Grundgedanke der Teamarbeit?

Der Saal war voll besetzt mit festlich gekleideten Besuchern. Alle freuten sich auf das Galakonzert, und die Musiker betraten das Podium mit dem festen Vorsatz, so gut zu spielen wie noch nie. Doch es kam genau umgekehrt. Die Instrumente hatten nämlich beschlossen, einander zu beweisen, welches von ihnen den meisten Beifall verdiente. Und von den ersten Takten an nahmen sie kein bißchen Rücksicht auf die Komposition oder das Zusammenspiel des Orchesters und spielten gleich als Solisten auf. Die Trompete überschmetterte den Kontrabaß, die Geigen versuchten, die Flöte zu übertönen - kurz, jedes Instrument spielte aus Leibeskräften seinen Part und das Ergebnis war ein gräßliches Mißgetön. Es klang wie Hundejaulen und Katzenjammer zusammen. Die Musiker gaben sich zwar alle erdenkliche Mühe, doch es gelang ihnen nicht, ihre Instrumente in den Griff zu bekommen. Der Dirigent war über den unbeschreiblichen Lärm so verzweifelt, daß er den Taktstock mitten entzweibrach. Und das Publikum begann zu pfeifen. Schließlich sprangen sogar die Noten von Ihren Linien und marschierten beschämt in die Garderobe. Ein Weilchen herrschte Stille. Die Musiker blickten verlegen in den Saal und die Konzertbesucher starrten aufs Podium. So etwas war noch nicht dagewesen! Doch da besannen sich die Geigen und forderten die Bögen auf, die Mittelstimme zu spielen. Die übrigen Instrumente setzten schnell ein und beim Schlußapplaus, der stürmischer war als je zuvor, vergaßen die Instrumente zu überlegen, welchem von ihnen denn nun der meiste Beifall gebührte.

Sobald ***fachbereichsübergreifende*** Aufgaben vorliegen und ***wichtige*** Entscheidungen getroffen werden müssen, ist die Arbeit im Team gegenüber der Einzelarbeit vorzuziehen. ***Projektarbeit ist Arbeiten im Team.***

Nicht jeder für sich allein, sondern alle gemeinsam und gleichberechtigt!

8 Teamarbeit

Das Wesen der Teamarbeit besteht nicht nur in einer Arbeitserleichterung durch Arbeitsteilung und Entlastung, sondern in einer ***Produktivitätssteigerung***: Ein gut funktionierendes Team:

- ***verbessert*** die Zusammenarbeit zwischen den Fachbereichen,
- ***vermeidet*** „Betriebsblindheit" durch neue und originelle Lösungswege,
- ***verringert*** das Risiko von Fehlentscheidungen,
- ***erzielt*** Leistungen, die die Mitglieder für sich alleine niemals fertigbringen würden (Synergieeffekte).

Welche Erfahrungen haben Sie mit Teamarbeit gemacht?

Wie wird ein Team richtig besetzt?

Ein arbeitsfähiges Team sollte aus nicht mehr als ***sechs bis sieben Mitgliedern*** bestehen. Bei dieser Gruppenstärke wird die bestmögliche Teameffizienz erreicht.

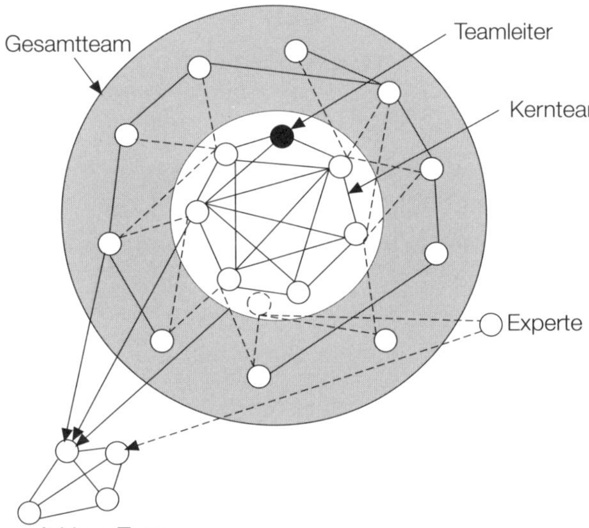

Sind an dem Projekt ***mehr als sieben Mitglieder*** beteiligt, bilden Sie ein ***Kernteam***. Ziehen Sie die übrigen Mitglieder den jeweiligen Aufgabenschwerpunkten in Ihrem Projekt entsprechend ***fallweise*** hinzu.

Sie sichern sich langfristig einen schnellen Informationsaustausch und können flexibler auf unerwartete Ereignisse reagieren.

Projektarbeit benötigt Mitarbeiter aus ***allen betroffenen Fachabteilungen***, die über ein hohes Maß an ***Sachkenntnis*** und ***Sozialkompetenz*** verfügen.

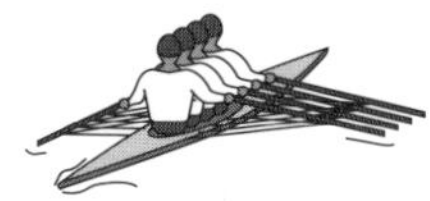

Zu einseitig besetzte Teams sind der Tod jeder neuen Idee.

Bei der Teamzusammenstellung kommt es auf die richtige Mischung von Talenten an.

Phasen der Teamentwicklung

Der Entwicklungsprozeß - hin zu einem arbeitsfähigen Team - dauert eine Zeit lang und läuft in verschiedenen Phasen ab.

Ihr Team lebt!

Arbeitsphase	**Testphase**
ideenreich flexibel offen leistungsfähig solidarisch hilfsbereit	höflich unpersönlich gespannt vorsichtig
Organisationsphase	**Nahkampfphase**
Entwicklung neuer Umgangsformen Entwicklung neuer Verhaltensweisen Feedback Konfrontation der Standpunkte	unterschwellige Konflikte Konfrontation der Personen Cliquenbildung mühsames Vorwärtskommen Gefühl der Ausweglosigkeit

Haben Sie schon alle Phasen durchlebt?

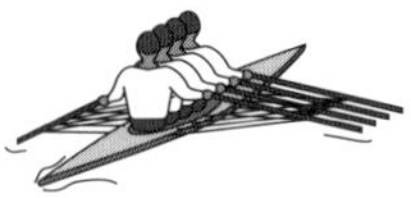

Wie wird aus Ihrer Gruppe ein Team?

Damit sich ein Team entwickeln kann, müssen drei wesentliche Faktoren berücksichtigt werden:

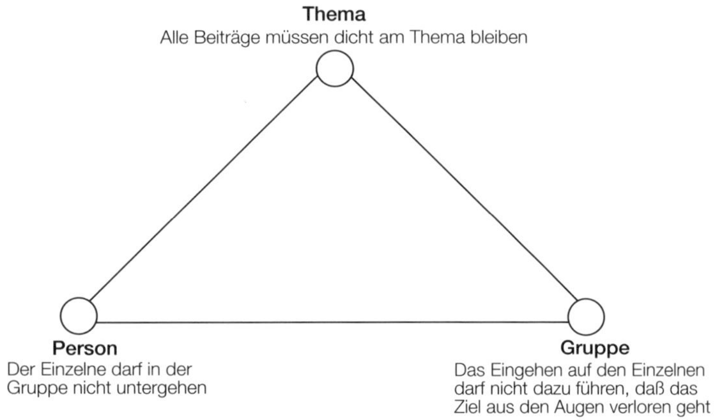

Stellen Sie die Balance zwischen Persönlichkeit, Gruppeninteresse und Thema her.

Welcher Einflußfaktor bringt in den folgenden Beispielen die Teamarbeit aus dem Gleichgewicht?

1. Dem Marketingchef wird aufgrund seiner Stellung bei Diskussionen mehr Redezeit eingeräumt als anderen Projektmitarbeitern.

Ihre Analyse:

____

____

____

2. Der Projektleiter nutzt die Teambesprechung zur Informationsvermittlung für die Mitarbeiter aus seiner Abteilung. Es geht der rote Faden verloren.

Ihre Analyse:

3. Bei den wöchentlichen Projektkreisen sind sich die Vertreter der Finanz- und Produktionsabteilung meistens einig. Die Einwände der Forschungs- und Entwicklungsabteilung werden regelmäßig „untergebuttert".

Ihre Analyse:

Eine Lösung zu dieser Aufgabe finden Sie im Lösungsteil des Anhangs unter 8.

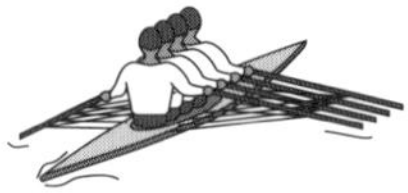

Kommunikation im Projekt - Ihr Beitrag zum Erfolg

Um eine Aufgabe im Team optimal zu lösen, müssen ***Informationen*** ausgetauscht werden. Probleme in der Projektarbeit sind nicht selten darauf zurückzuführen, daß es ***Schwierigkeiten*** beim Informationsaustausch zwischen den Projektbeteiligten gibt.

Beispiel für ein bewußt gesteuertes Kommunikationsproblem:

A: *Übrigens, wie sieht es eigentlich mit dem Projekt „Firmenwagen" aus? Sollten wir uns da nicht noch einmal darüber unterhalten?*
(Denkt: Hoffentlich sagt er, daß es schon gestorben ist!)

B: *Prima, keine schlechte Idee! Ich wollte Sie deswegen schon die ganze Zeit anrufen!*
(Denkt: Der hat mir gerade noch gefehlt, wo ich zur Zeit bis zum Hals in Arbeit stecke!)

A: *Wir müßten uns da einmal zusammensetzen!*
(Denkt: Wie ich ihn kenne, hat er dafür sowieso keine Zeit!)

B: *Wie wäre es in der nächsten Woche?*
(Denkt: Hoffentlich hat er schon was vor!)

A: *Augenblick, ich schau einmal nach! Ich habe nur noch den Freitag frei!*
(Denkt: Reingelegt! Zufällig weiß ich, daß er Freitag auf einem Workshop ist!)

B: *Geht leider nicht! Freitag bin ich auf einem Seminar! Aber wie wäre es denn in der Woche darauf?*
(Denkt: Bis dahin kann ja noch viel passieren!)

A: *Gerne! Mittwoch oder Donnerstag hätte ich Zeit.*
(Denkt: Du liebe Güte, ist der hartnäckig!)

B: *Ja, Mittwoch geht bei mir auch. Sagen wir vormittags 10 Uhr bei mir?*
(Denkt: Ich muß mir bis dahin unbedingt was überlegen, wie ich aus der Sache herauskomme!)

A: *Sehr schön, freut mich. Ich bin sicher, daß in der Sache noch viel herauszuholen ist!*
(Denkt: So ein Mist, aber den Termin lasse ich platzen!)

Wer gut miteinander arbeiten will, muß gut miteinander reden!

Was macht Kommunikation so schwierig?

Viele Ursachen von Kommunikationsproblemen liegen darin, daß wir oft aneinander vorbeireden: Nicht immer versteht unser Gesprächspartner das, was wir sagen möchten. Das liegt meist daran, daß in einer Nachricht mehrere Botschaften mitgesendet werden:

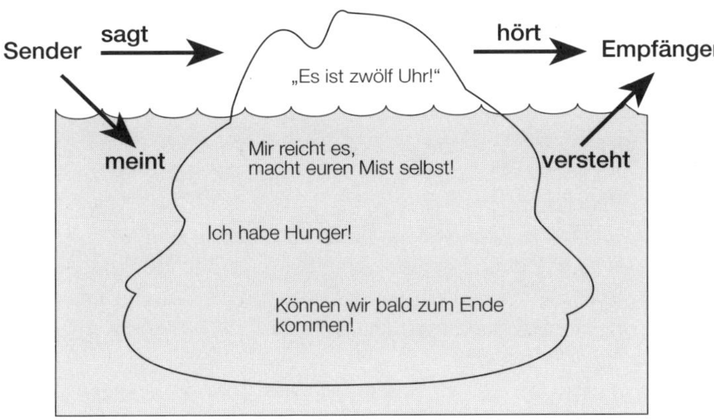

Kommunikation als Eisberg

In Gesprächen vermitteln wir nicht nur Informationen ***(Inhaltsaspekt)***, sondern gleichzeitig drücken wir etwas darüber aus, was wir gegenüber unserem Gesprächspartner denken und empfinden ***(Beziehungsaspekt)***. Der sachliche Aspekt macht nur einen kleinen Bereich der Kommunikation aus. Vielmehr wird ein Großteil unserer Gespräche - meist unbewußt - von ***Erfahrungen***, ***Einstellungen, Werten und Emotionen*** mitbestimmt, die wir nicht sehen können. Wird der größere Teil, die Beziehungsebene, nicht gesehen, ecken wir an und erleiden „Schiffbruch".

Entscheidend für gegenseitiges Verständnis ist nicht, wie die Botschaft vom Sender gemeint war, sondern wie sie beim Empfänger ankommt!

Tips für eine gute Kommunikation

- Versuchen Sie, im Gespräch die Beziehungsebene zu erfassen: „Wie sieht mich mein Gesprächspartner?“
- Ordnen Sie Ihre Gedanken und drücken Sie sich in Ihren Formulierungen klar und präzise aus!
- Verwenden Sie Pausen! Lassen Sie Ihrem Gesprächspartner Zeit, das Gehörte aufzunehmen, zu verarbeiten und abzuspeichern!
- Vermeiden Sie Killerphrasen! Nicht: „In der Theorie haben Sie völlig Recht, aber in der Praxis sieht das doch ein wenig anders aus!“
  Sondern: „Könnten Sie kurz erklären, was in der Praxis so anders ist?“
- Hören Sie aktiv zu, und versuchen Sie Ihren Partner zu verstehen!
- Zeigen Sie Interesse am Gesprächspartner und dem, was er sagt! Geben Sie Denkanstöße und stellen Sie Fragen!
- Teilen Sie Ihre Wünsche und Anliegen in Ich-Botschaften mit! Ihr Gesprächspartner fühlt sich dadurch nicht bevormundet oder belehrt!
- Überprüfen Sie gemeinsam mit Ihrem Gesprächspartner, ob Sie ihn richtig verstanden haben: „Wenn ich Sie richtig verstanden habe, lehnen Sie nicht die Lösung, sondern nur den Zeitpunkt der Einführung ab?“
- Geben Sie Feedback!

Was ist Ihnen innerhalb einer partnerschaftlichen Gesprächsführung noch wichtig?

Für eine gelungene Kommunikation ist es wichtig, das eigene Kommunikationsverhalten zu erkennen, zu überprüfen und gegebenenfalls zu verändern!

Wie in einem System die Beziehungen der verschiedenen Teilsysteme analysiert und dargestellt werden können, so lassen sich auch die Beziehungen der einzelnen Teammitglieder zueinander in einem Modell verdeutlichen.

Beispiel eines Beziehungsnetzes

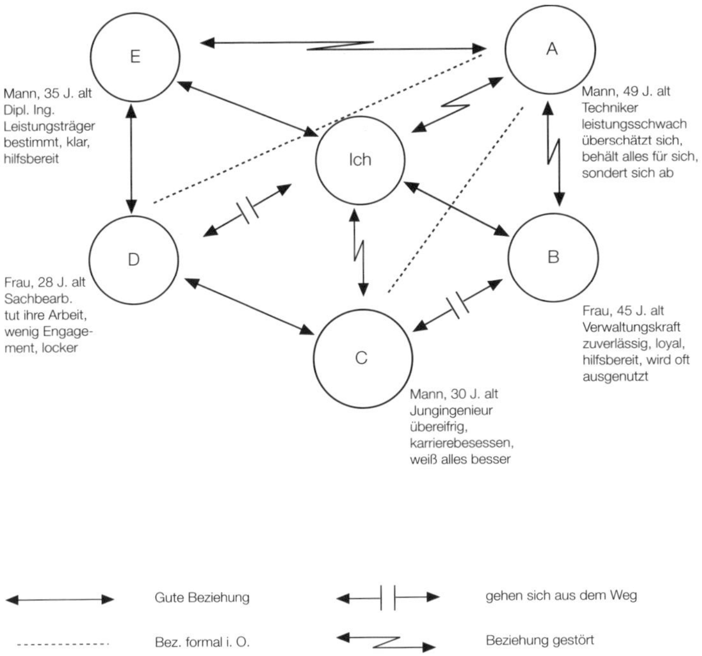

Stellen Sie auf einem Blatt Papier Ihr Team dar!

Erfolgsfaktoren der Teamarbeit

Das Zusammenwirken der Teammitglieder wird erleichtert und effizient, wenn die Teammitglieder sich von Beginn an auf Spielregeln für ihre Zusammenarbeit einigen.

Spielregeln

- ❍ Vereinbarte Termine werden eingehalten.
- ❍ Protokoll und Moderation der Teamsitzung werden abwechselnd von jedem Teammitglied übernommen.
- ❍ Informationen gehen nur dann nach außen, wenn das ganze Team das beschlossen hat.
- ❍ Jeder ist für sich selbst verantwortlich, d.h. bringt das ein, was ihm wichtig ist, meldet Störungen an etc.
- ❍ Jeder hat das Recht auszureden; redet ein Teammitglied zu lange, so kann ihm nach ca. 2 Minuten die rote Karte gezeigt werden.
- ❍ Kritik wird in Ich-Botschaften ausgedrückt.
- ❍ Killerphrasen sind verboten.

etc.

Beispiel für vereinbarte Spielregeln:
Welchen Spielregeln würden Sie eine besondere Bedeutung zumessen?

___

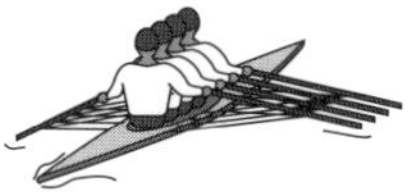

In meinem Team

	stimmt	stimmt teilweise	stimmt nicht
❍ war das Klima unbürokratisch, behaglich und entspannt	☐	☐	☐
❍ waren Rollen, Zuständigkeiten und Vollmachten geklärt	☐	☐	☐
❍ nahmen wir uns Zeit, einander unsere Zielvorstellungen und Erwartungen mitzuteilen	☐	☐	☐
❍ wurden klare Anordnungen getroffen und akzeptiert	☐	☐	☐
❍ waren die Projektmitglieder bereit, an der Verwirklichung der Projektziele mitzuarbeiten	☐	☐	☐
❍ hielten wir uns an getroffene Entscheidungen und setzten sie in die Tat um	☐	☐	☐
❍ konnte offen über Unsicherheiten und Ängste gesprochen werden	☐	☐	☐
❍ wurden Meinungsverschiedenheiten restlos geklärt und individuelle Standpunkte berücksichtigt	☐	☐	☐
❍ investierten wir Zeit in die Kontrolle unserer Problemlösungsstrategie	☐	☐	☐
❍ wurden Beschlüsse auf der Basis der Übereinstimmung gefaßt	☐	☐	☐
❍ sprachen wir über die Qualität unserer Zusammenarbeit	☐	☐	☐

Wie war die Arbeitsatmosphäre in Ihrem Team?

Was konnten Sie in Ihrem Team noch feststellen?

____

____

____

____

Teamkultur ist nicht selbstverständlich, sondern muß erarbeitet werden. Wenn Sie diese Teamanalyse mit Erfahrungen aus Ihrem Arbeitsbereich ergänzen, erhalten Sie ein effektives Instrument zur Teamentwicklung, welches Sie für Ihre

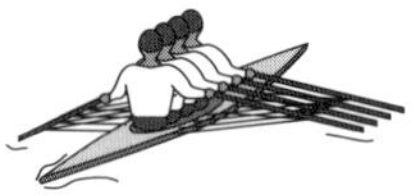

zukünftige Projektarbeit einsetzen können!
Ihnen wird in bezug auf die Leistung eines gut geführten Teams folgende Rechnung aufgemacht:

2 + 2 = 5

Was fällt Ihnen dazu ein?

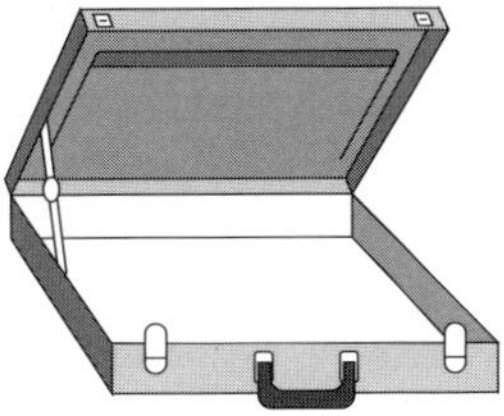

Raum für Ihre Notizen:

9 Ende gut, alles gut?

Projektabschluß

Inhalte:

- Wodurch wird ein Projekt abgeschlossen?
- Welche Aktivitäten veranlaßt der Projektleiter?
- Wie werden die Teammitglieder entlastet?

Wodurch wird ein Projekt abgeschlossen?

Ergebnis präsentieren

1. Die Projektergebnisse werden dem Nutzer übergeben.

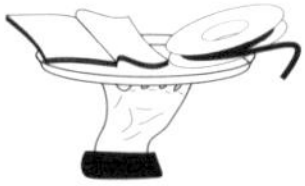

Ergebnis O.K.

2. Der Auftraggeber nimmt das Projektergebnis ab.

Projektteam auflösen

3. Der Auftraggeber löst die Projektgruppe auf.

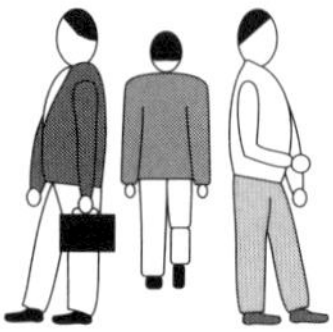

Welche Beispiele beendeter, aber nicht abgeschlossener Projekte kennen Sie aus Ihrem Arbeitsbereich?

____

____

____

Was ist daraus geworden?

____

____

____

Welche Aufgaben haben Sie als Projektleiter zum Projektabschluß?

Als Projektleiter sind Sie stark daran interessiert, daß das Projekt zum Abschluß kommt. Projektleiter und Team werden am konkreten Erfolg gemessen.

1. Überprüfen Sie die Abnahmebedingungen aus der Qualitätsplanung!

Sind die

- Zielvorgaben erreicht ☑
- Ressourcen eingehalten ☑
- Termine eingehalten ☑
- Kosten eingehalten ☑

Abnahmebedingungen definieren.

Nur ein definiertes Ende läßt eine Beurteilung zu!

2. Erstellen Sie einen Abschlußbericht:

- Ziele, Daten, Struktur
- Leistungen, Ergebnisse
- besondere Punkte
- Kosten
- Projektabnahme durch Auftraggeber (Unterschriften)

9 *Projektabschluß*

Abschlußbericht:	**„Projekt Neue Postleitzahlen“**	**16.09.93**

Ziele, Aufgabenstellung

Einführung der neuen 5stelligen Postleitzahlen zum 01.07.93

- Entwicklung einer optimalen Umstellungsstrategie für IV-Anwendungen (Host, MDT, PC) zur Minimierung des Aufwandes (Kosten, Zeit)
- Auswahl und Bereitstellung einer wirtschaftlichen Umstellungssoftware
- Einbindung aller IV-Projektverantwortlichen, Sicherstellung der Umstellung zum 01.07.93
- Sicherstellung einer kostenoptimalen Umstellung im "Nicht-IV-Bereich" (z.B. Druckerzeugnisse)
- Bereitstellung von Informationen intern und extern (z.B. Lieferanten, Tochtergesellschaften)

Projektorganisation, -strukturplan,

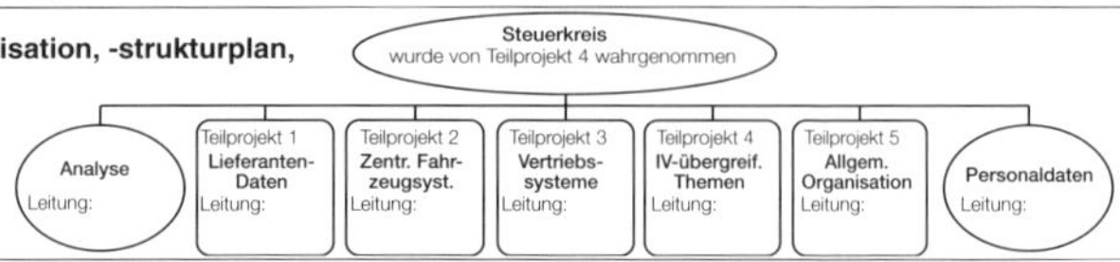

Beschreibung der Leistung

- Erstellung Bebauungsplan aller betroffenen IV-Systeme/Anwendungen und Schnittstellen
- Marktanalyse, Test, Auswahl und Installation von Umstellungssoftware für Mainframe und PC
- Maschinelle Umstellung mit Bereinigung von ca. 5 Mio Adressen in 50 Adreßdatenbeständen
- Überprüfung und Anpassungen von Programmen in ca. 100 IV-Projekten/Anwendungen
- Erstellung von ca. 320.000 Adreßaufklebern zur Verminderung von Neudrucken
- Erstellung von Veröffentlichungen mit neuen unternehmensspezifischen PLZ
- Installation einer PLZ-Software als Nachschlagewerk im "Electronic mail system"

Wichtige Ereignisse/Kritische Probleme, zusätzliche Erkenntnisse siehe Anlage

- Adreßdatenumstellung wurde mit sehr positivem Ergebnis termingerecht durchgeführt
- Gesamtaktion führte zu einer Reduzierung von Altadressen (ca. 700.000)
- Das Unternehmen verwendet am Standort München nur eine Postleitzahl (Großkundenpostleitzahl)
- Die Betriebskrankenkasse und weitere kleine Unternehmenseinheiten konnten wegen Verbandszugehörigkeit u. Abhängigkeiten von externen Softwarepartnern nicht miteinbezogen werden
- Zeitliche, externe Lieferprobleme bei der Software
- Bewertung der Umstellung durch IV-Projektverantwortliche: **1,9** (1=gut, ...10=schlecht)

Projektkosten (Zeitraum von 01/93 bis 07/93)

Aufwand für Analyse und Realisierung **ca. X.XXX TDM** (Personal intern, Fremdleistung, Invest)
Die **Plankosten** von ca. X.XXX TDM wurden um **30% unterschritten**.

Projektabnahme

3. Führen Sie eine Abschlußsitzung mit dem Auftraggeber durch:

- ❍ Sind die Ziele erreicht?
- ❍ Sind die Bedingungen erfüllt?
- ❍ Wurden die Prämissen eingehalten?
- ❍ Gibt es neue Anforderungen?
- ❍ Welche Maßnahmen sind als nächste erforderlich?
- ❍ Wer braucht welche Dokumentation?
- ❍ Wann und wie wird die Projektgruppe entlastet?
- ❍ Wann und wie werden die Projektergebnisse an den nutzenden Fachbereich übergeben?
- ❍ Wer ist für die weitere Betreuung verantwortlich?

Keine Neudefinition des Zieles am Ende des Projektes!

4. Holen Sie sich Feedback von den Projektmitgliedern!

- ❍ Wo waren wir gut, wo weniger, weshalb?
- ❍ Wie habe ich das Team erlebt, wie das Team mich?
- ❍ Was sollte bei künftigen Projekten beachtet werden?
- ❍ Was können wir aus dem Projekt lernen?

Feedback zum Projekt ".."

1. In welcher Funktion waren Sie bei dem Projekt beteiligt?
Mitglied des: Entscheiderkreises ☐ Steuerkreises ☐
Team 1 ☐ Team 2 ☐ Team 3 ☐ Team 4 ☐ Team 5 ☐

2. Wie zufrieden waren Sie mit der ersten Ansprache, Beschreibung der Aufgabenstellung sowie der Zielfindung durch das Projektteam?

nicht zufrieden — *sehr zufrieden*

1	2	3	4	5	6	7	8	9	10

3. Wie zufrieden waren Sie mit der Betreuung Ihrer Projekttätigkeit durch die Projektleitung und das Planungsteam?

nicht zufrieden — *sehr zufrieden*

1	2	3	4	5	6	7	8	9	10

4. Wie zufrieden waren Sie mit der Kommunikation in den Projektgruppen bzw. Koordinationsgesprächen?
a) Inhalte:

nicht zufrieden — *sehr zufrieden*

1	2	3	4	5	6	7	8	9	10

b) Moderation und Zeitmanagement:

nicht zufrieden — *sehr zufrieden*

1	2	3	4	5	6	7	8	9	10

5. Waren wichtige Funktions-/Entscheidungsträger in der Projektstruktur nicht berücksichtigt?

____

____

6. Wie hoch schätzen Sie Ihren Beitrag zur Problemlösung im Sinne der Zieldefinition?

sehr gering — *sehr hoch*

1	2	3	4	5	6	7	8	9	10

7. Wie schätzen Sie das Projekt bezüglich der Realisierung aller Teil-/Projektziele ein?

nicht zufrieden — *sehr zufrieden*

1	2	3	4	5	6	7	8	9	10

8. Wie schätzen Sie das Projekt bezüglich des erbrachten Zeit- und Kostenaufwandes sowie des erreichten bzw. zu erwartenden Ergebnisses ein?

nicht zufrieden — *sehr zufrieden*

1	2	3	4	5	6	7	8	9	10

9. Welche Verbesserungen sollten bei der Realisierung weiterer Projekte berücksichtigt werden?

____

____

5. Beziehen Sie die Realisierungsverantwortlichen mit ein!

In der Projektabschlußphase ist die Sicherung der Umsetzung der Projektergebnisse eine entscheidende Sache: Wer macht was bis wann? Informieren Sie alle Betroffenen und Beteiligten.

6. Würdigen Sie die Leistung der Projektmitglieder!

Durch

- ❍ Incentives
- ❍ Belohnung
- ❍ Beurteilungen
- ❍ Empfehlungen
- ❍ ....

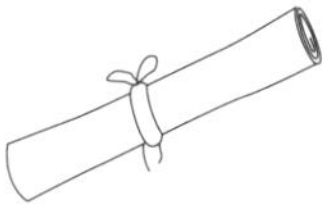

Welche Belohnungsinstrumente sind Ihres Erachtens wirkungsvoll und praktikabel? Was wäre für Sie persönlich motivierend?

7. Bereiten Sie rechtzeitig die Reintegration der Projektbeteiligten in die Fachbereiche vor!

Erarbeiten Sie mit den Betroffenen eine Perspektive, die für sie akzeptabel ist!

Welche Punkte halten Sie für eine erfolgreiche Reintegration für wichtig?

Wie entlasten Sie sich als Teammitglied?

Geben Sie Ihre Erfahrungen im Projekt an die Projektleitung als Feedback weiter!

- Was habe ich aus diesem Projekt gelernt?
- Was war gut, was hätte verbessert werden können?
- Wie habe ich den Projektleiter erlebt?

Lassen Sie los!

Abschließen heißt Abschied nehmen! Ziehen Sie den Projektabschluß nicht durch nachgeschobene (An-) Forderungen in die Länge. Auch wenn die Projektarbeit noch so viel Spaß gemacht hat!

Bemühen Sie sich rechtzeitig um die Reintegration in Ihre Fachabteilung!

Was macht einen erfolgreichen Projektabschluß noch aus?

1. Durch die Arbeit im Projekt haben Sie eine Reihe von ***Erfahrungen*** gemacht: fachlich, organisatorisch, interdisziplinär und methodisch. Sichern Sie Ihr Know-how und nutzen Sie es für Ihre künftige Tätigkeit in der Fachabteilung!

2. Etwas erreicht zu haben, macht stolz und froh! Zeigen Sie Ihre Freude, indem Sie mit Ihrer Projektgruppe einen Abschlußempfang oder ein Abschlußfest organisieren!

Welche Punkte sind für Sie zu einem erfolgreichen Projektabschluß wichtig?

9 Projektabschluß

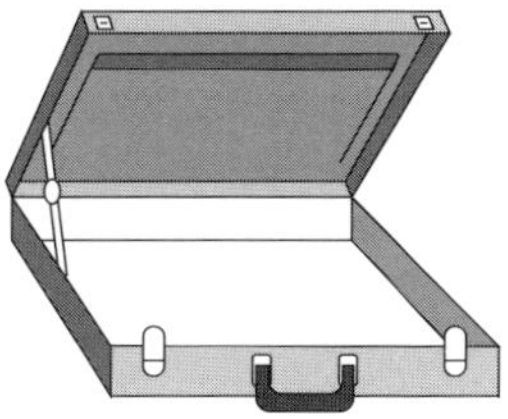

Raum für Ihre Notizen:

10 Erfolge werden von Menschen gemacht

Leitlinien effizienter Projektarbeit

Inhalte:

❍ Was sind die Grundlagen des Projekterfolges?

So wie Sie starten, liegen Sie im Rennen!

Sie erinnern sich?

Projektarbeit im Sinne des ***„Ganzheitlichen Projektmanagements"*** ist dann erfolgreich, wenn gleichzeitig die

berücksichtigt werden.

Dies bedeutet

...für die Projektorganisation

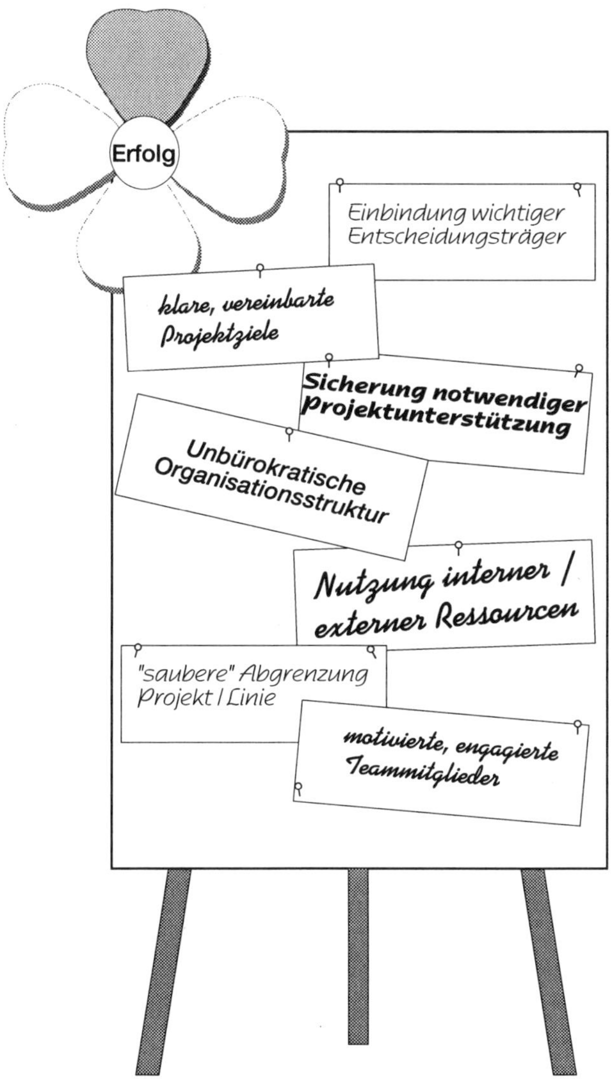

... für die Fachkenntnisse der Projektbeteiligten

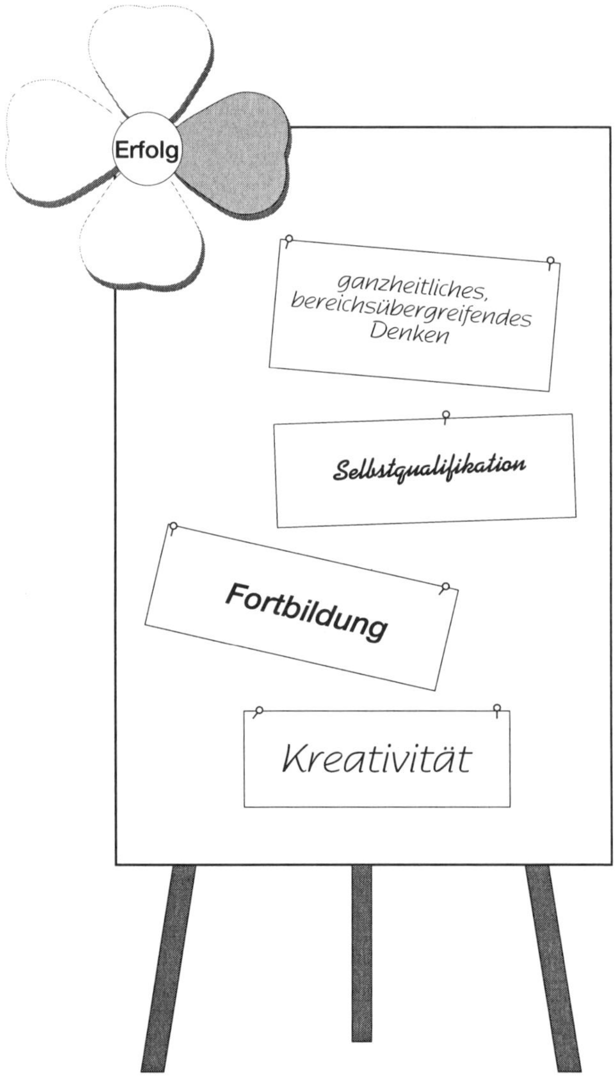

... für die richtige Anwendung der Methoden

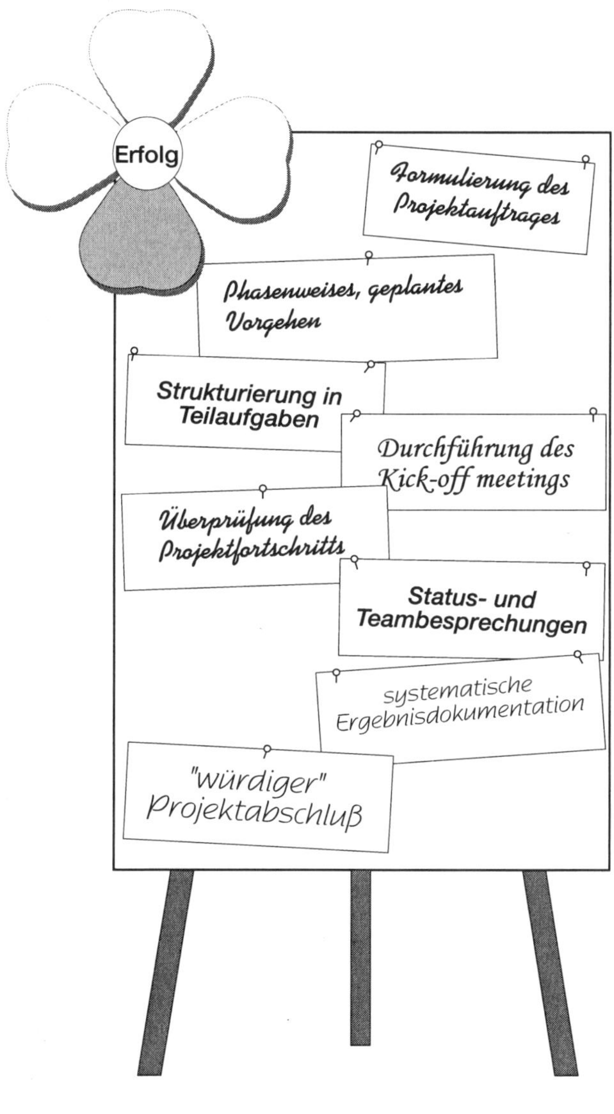

... für die Verhaltensaspekte der Teammitglieder

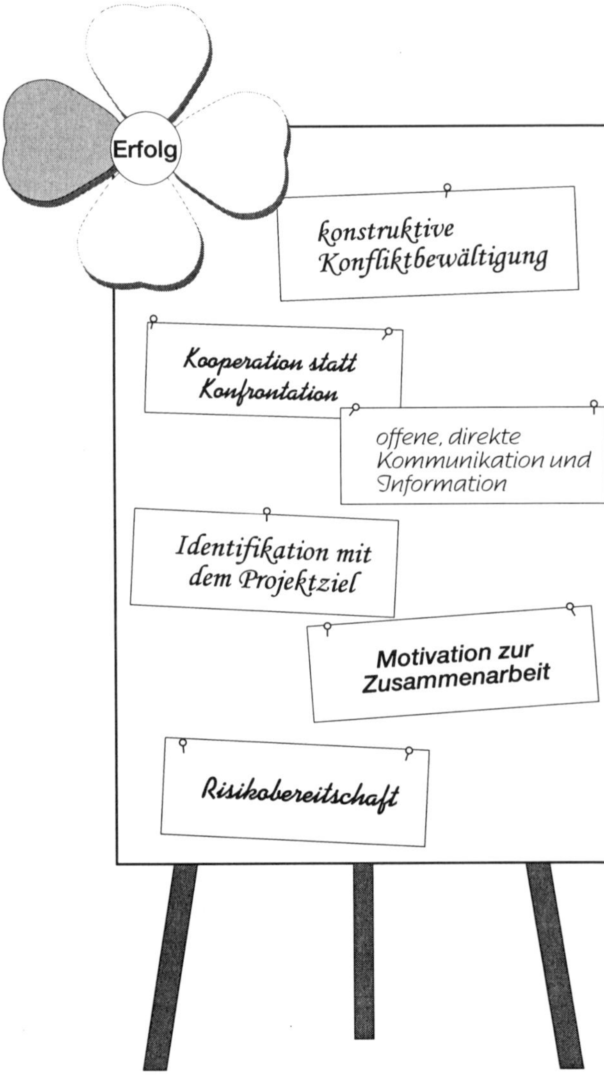

Wann ist für Sie Projektarbeit erfolgreich? Notieren Sie einige Stichworte, die für Sie bei der Projektarbeit unbedingt berücksichtigt werden müssen!

Wo sehen Sie bei sich selbst oder im Unternehmen Ansatzpunkte zur weiteren Verbesserung?

Raum für Ihre Notizen:

Lösungsteil

Im folgenden finden Sie die Lösungen zu den Fragen aus den einzelnen Kapiteln des Selbstlernbuches.

2 S. 25: Viele Aufgaben lassen sich nur lösen, wenn das alte Denkschema (Grenzen) durchbrochen und das „Problemfeld" im wahrsten Sinne des Wortes verlassen wird.

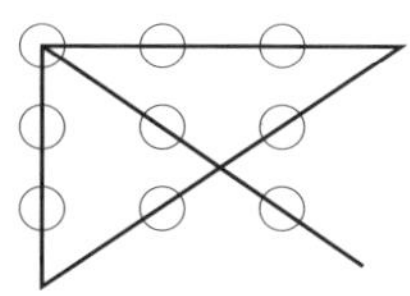

3.1 S. 34: Systematisches (methodisches) Vorgehen

- schafft Transparenz
- vermindert das Risiko von Fehlentwicklungen
- belegt Entscheidungen

3.2 S. 37: Die Aufmerksamkeit des Managements am Projektanfang ist oftmals sehr gering. Typisch dafür die Aussage: „Es wird schon alles laufen!" Zum Schluß, wenn die Probleme auf dem Tisch liegen und die Projektkosten den Etat gesprengt haben, kommt dem Projekt die größte Aufmerksamkeit zu. Kann das Projektziel doch noch erreicht werden?
Idealerweise sollte die größte Aufmerksamkeit am Projektanfang liegen: Vorbeugen ist besser als reparieren!

4 S. 46:

	Inhalt	Ausmaß	Zeit
A	-	-	X
B	X	-	-
C	-	-	-
D	-	X	X

5 S. 66: Vorbemerkung:
Seit altersher haben Kreis, Dreieck und Quadrat symbolische Bedeutung und stehen für archetypische Eigenschaften und Verhaltensweisen des Menschen. Der Kreis steht für Ausgewogenheit und Ausgeglichenheit („Ich bin rundrum zufrieden"), das Dreieck für Angriff und Kampfeslust (Speerspitze!) und das Quadrat für Verstand und Rationalität (Feld des Schachspiels!).

1. Figur mit drei Kreisen:

Sie sind ein Mensch, der keinen Konflikt sucht und Konflikten aus dem Weg geht, da Sie Ihre Ausgeglichenheit nicht durch Streit und Ärger aufs Spiel setzen wollen. Sie können gelassen und ruhig in Konfliktsituationen reagieren. Ihre Ausgeglichenheit bewahrt Sie vor einseitiger Parteinahme und schützt Sie vor Starrsinn und Rechthaberei. Sie gehören zu den Friedfertigen unter uns.

2. Figur mit drei Quadraten:

Sie sind ein Mensch, der weiß, was er will und der vor einem Konflikt nicht zurückschreckt. Dennoch sind Sie in Konfliktsituationen nicht unbeherrscht. Sie lassen sich von Ihrem Verstand leiten und unterliegen nicht Ihren Emotionen. Vorsicht ist bei Ihnen in Konfliktsituationen insofern angebracht, als Sie mit Ihrer vernunftgeleiteten Einstellung und Argumentation bei anderen Menschen den Eindruck von Kälte und Überheblichkeit hinterlassen können. Im Ganzen gesehen sind Sie ein Mensch, der bewußt lebt, aber auch andere bewußt leben läßt.

3. Figur mit drei Dreiecken:

Sie sind - auch wenn man es Ihnen nicht gleich ansieht - ein echter Konflikttyp, versteckt oder offen auf Angriff programmiert, und das hält Sie in Schwung! Ob Sie wollen oder nicht, Sie müssen sich immer an etwas „wetzen". Ihre Energie ist bewundernswert! Extremkonflikte bereiten Sie jedoch weder sich selbst noch anderen. Ihre „Stärke" liegt in den Randkonflikten! Sie wollen immer das durchsetzen, was Sie im Kopf haben. Gesamturteil: Sie sind kein Engel, aber auch kein Teufel, sondern das Wesen zwischen den beiden - ein Mensch!

6.1 S. 75: Projektstrukturplan „Hausbau“

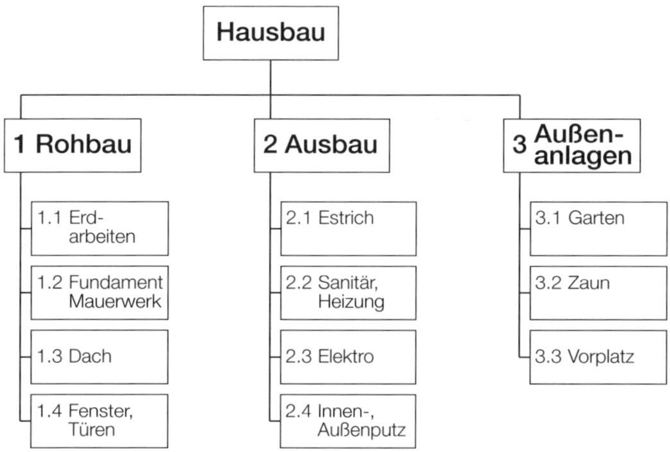

6.2 S. 76: Projektablaufplan „Hausbau”

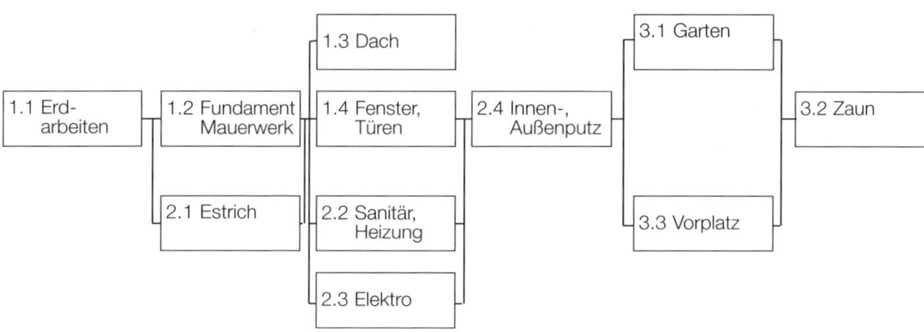

6.3 S. 78: Balkendiagramm „Hausbau"

Nr.	verantwortl.	Wochen
1.1	Bagger	1
1.2	Maurer	11
1.3	Zimmerer	3
1.4	Schreiner	1
2.1	Beton	2
2.2	Heizsani	5
2.3	Elektriker	4
2.4	Putzer	3
3.1	Gärtner	3
3.2	Schreiner	1
3.3	Pflasterer	2

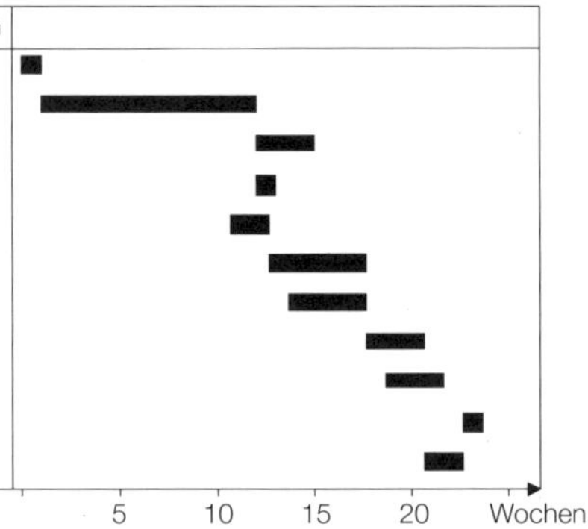

7 S. 87: Ursachen für Abweichungen zwischen „IST" und „SOLL" können u.a. sein:

- unrealistische Planung (z.B. zuwenig Personal)
- unvorhergesehene Änderungen im Projektablauf (z.B. Vorverlegung des Realisierungszeitpunktes)
- Fehler in der Arbeitsausführung (z.B. Qualität wird nicht erreicht)
- psychosoziale Faktoren (z.B. autoritärer Führungsstil, wenig Anerkennung, Motivation)

8 S. 100f:

1. Gruppe:
Die Gruppe konzentriert sich zu stark auf die Person des Marketing-Chefs. Argumente anderer Personen setzen sich nicht durch oder werden erst gar nicht gehört.

2. Thema:
Besprechungen dienen dem gemeinsamen Informationsaustausch. In die Tagesordnung sind deshalb nur solche Punkte aufzunehmen, die alle Projektbeteiligten angehen. Zeit ist Geld!

3. Person:
Die Standpunkte jeder Person müssen gehört und berücksichtigt werden, denn Projektarbeit ist Arbeiten im Team. Geschieht dies nicht, geht wertvolles Wissen verloren und die Unzufriedenheit wächst.

Praktische

Arbeitshilfen

für Ihren Projektalltag

Sie dürfen diese Arbeitsblätter für den Einsatz in Ihrem Projektalltag gerne kopieren.

Projektauftrag: "..."
Projektleiter:
Zielsetzung:
Aufgabenstellung:
Zu erarbeitende Ergebnisse:
Budget:
Randbedingungen:
Termine, Meilensteine:
Auftraggeber: Projektleiter:

Projekt "..."

Projektorganisation

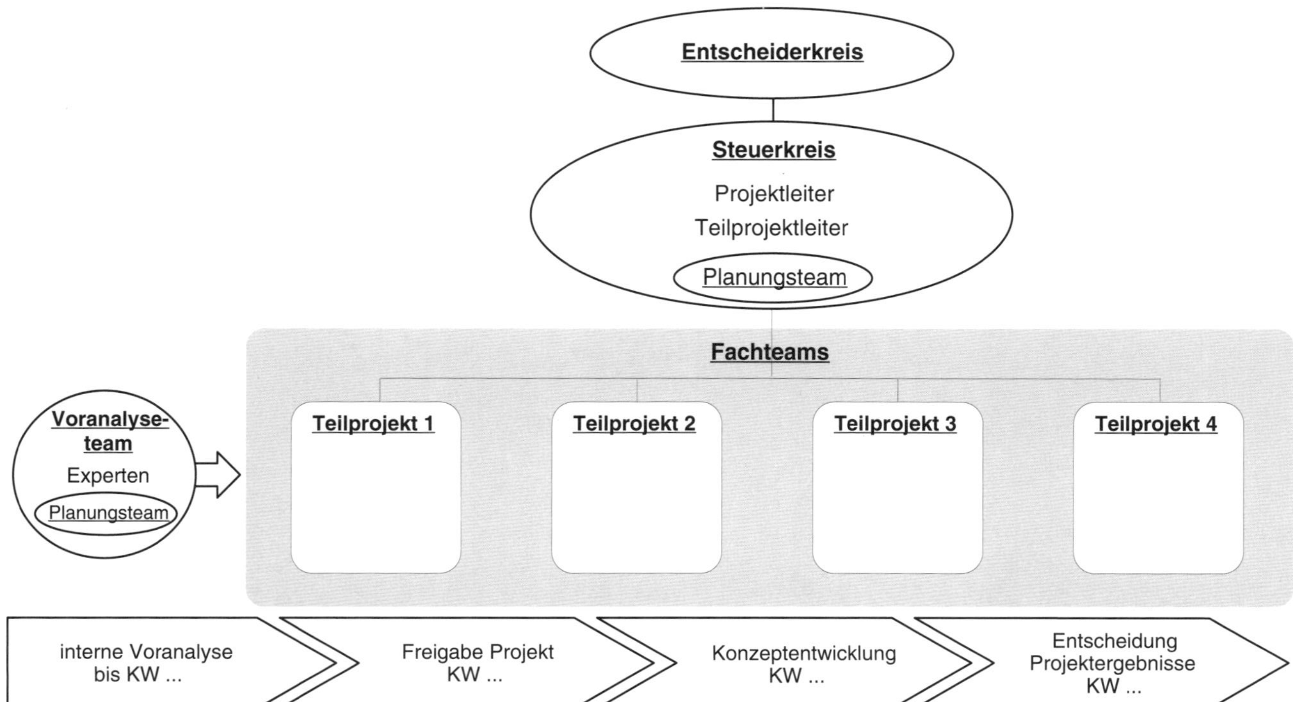

Arbeitspaket: ".."	
Arbeitspaketverantwortlicher:	
Aufgabenstellung:	
Zu erarbeitende Ergebnisse:	
Budget:	
Randbedingungen:	
Termine, Meilensteine:	
Auftraggeber:	**Arbeitspaketverantwortlicher:**

ARBEITS6.627

Review: Projekt "..."
Projektleiter:
Projektstatus:
Projektbeurteilung / Zielabweichungen: Terminstatus: Kostenstatus: Technischer Status: Status der Qualitätssicherung: Kapazitäts-/Aufwandsstatus: Sonstiges:
Zwischenergebnisse / Wichtige Ergebnisse:
Aktionsplan / Weitere Projektschritte:
Eingetretene und noch zu erwartende Probleme:
Projektsteuerung / Einzuleitende Maßnahmen:

Abschlußbericht: Projekt "..."
Projektleiter:
Ziel:
Projektorganisation, -struktur:
Beschreibung der Leistung:
Wichtige Ereignisse / Kritische Probleme:
Projektkosten:
Projektabnahme: **Auftraggeber:** **Projektleiter:**

Projekt "................................" *Einladung* *Team 3*	**Von:** **An:** **Datum:** **Ort:** **Uhrzeit:** **Thema:**

1. Teilprojekt "................................"	**2. Teilprojekt** "................................"	**3. Teilprojekt** "................................"	**4. Teilprojekt** "................................"
5. Teilprojekt "................................"			

Zusätzliche Teilnehmer: **keine**

Tagesordnung:	***Report***:	***Zeit***:

Projekt ".."

Besprechungsprotokoll X

Team 3

Besprechungsort:

Besprechungsdatum:

Protokoll durch/am:

Verteiler: Teammitglieder

1. Teilprojekt "................................"	**2. Teilprojekt** "................................"	**3. Teilprojekt** "................................"	**4. Teilprojekt** "................................"
5. Teilprojekt "................................"			

anwesend, zeitweise anwesend

Erg. Nr.	*KZ*	*Text der Ergebnisse*	*erledigt durch / bis*

A = Auftrag, B = Beschluß, E = Empfehlung, F = Feststellung, T = Termin

Projekt ".."

Team 3

Erg. Nr.	*KZ*	*Text der Ergebnisse*	*erledigt durch / bis*

A = Auftrag, B = Beschluß, E = Empfehlung, F = Feststellung, T = Termin

Projekt

"....................."

Team 3

Liste offener Punkte (LOP)	**A**
Schnittstellenthemen	**B**
Projektstruktur, -organisation, -teilnehmer	**CD**
	E
Schriftverkehr zu Fachstellen	**F**
Einladungen	**G**
Team 1	**H**
Team 2	**IJ**
Team 3	**K**
Team 4	**L**
Team 5	**M**
Steuer- und Entscheiderkreis	**NO**
	PQ
Gesamtprojektauftrag, Terminplan	**R**
Ergebnisse Voranalyse	**S**
Artikel, Aufsätze, Ergänzungen	**Sch**
Wettbewerbervergleiche / Benchmarking	**St**
Projektmanagement, Instrumente	**T-V**
Projektplanung	**W**
	XYZ

Register für Projekt-ordner, 20iger Teilung

VON:

Terminplanung

AN:

Name	Kurz-zeichen	Telefon-Nummer	Fax-Nummer	Terminauswahl				

1 = Teilnahme möglich   2 = Teilnahme unter Umständen möglich   3 = Teilnahme nicht möglich

Liste offener Punkte

Projekt ".."

Datum/Stand: xx.xx.xx

NR.	Aktivität	Datum		Verantwortlich	Bemerkung
		Soll	Ist		

Projekt ".."

Projektbeteiligte **Stand: XX.XX.XX**

Name	Kurz-zeichen	Telefon-Nummer	Fax-Nummer	Mail box Kennung

BETEILI3.B4A

Projekt "......................................."

Terminplan

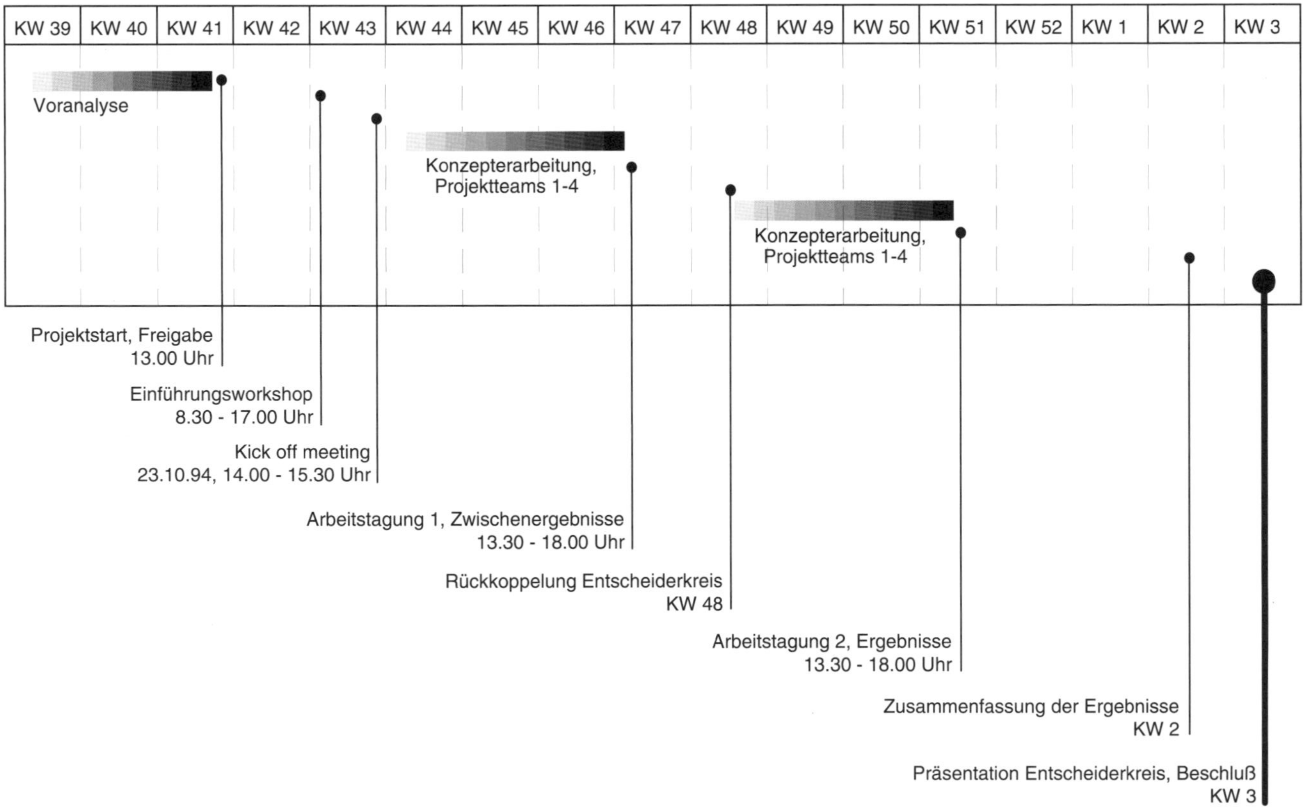

TERMINP9.3A7

Feedback zum Projekt "..."

1. In welcher Funktion waren Sie bei dem Projekt beteiligt?

Mitglied des: Entscheiderkreises ☐ Steuerkreises ☐

Team 1 ☐ Team 2 ☐ Team 3 ☐ Team 4 ☐ Team 5 ☐

2. Wie zufrieden waren Sie mit der ersten Ansprache, Beschreibung der Aufgabenstellung sowie der Zielfindung durch das Projektteam?

nicht zufrieden *sehr zufrieden*

1	2	3	4	5	6	7	8	9	10

3. Wie zufrieden waren Sie mit der Betreuung Ihrer Projekttätigkeit durch die Projektleitung und das Planungsteam?

nicht zufrieden *sehr zufrieden*

1	2	3	4	5	6	7	8	9	10

4. Wie zufrieden waren Sie mit der Kommunikation in den Projektgruppen bzw. Koordinationsgesprächen?

a) Inhalte:

nicht zufrieden *sehr zufrieden*

1	2	3	4	5	6	7	8	9	10

b) Moderation und Zeitmanagement:

nicht zufrieden *sehr zufrieden*

1	2	3	4	5	6	7	8	9	10

5. Waren wichtige Funktions-/Entscheidungsträger in der Projektstruktur nicht berücksichtigt?

____

____

6. Wie hoch schätzen Sie Ihren Beitrag zur Problemlösung im Sinne der Zieldefinition?

sehr gering *sehr hoch*

1	2	3	4	5	6	7	8	9	10

7. Wie schätzen Sie das Projekt bezüglich der Realisierung aller Teil-/Projektziele ein?

nicht zufrieden *sehr zufrieden*

1	2	3	4	5	6	7	8	9	10

8. Wie schätzen Sie das Projekt bezüglich des erbrachten Zeit- und Kostenaufwandes sowie des erreichten bzw. zu erwartenden Ergebnisses ein?

nicht zufrieden *sehr zufrieden*

1	2	3	4	5	6	7	8	9	10

9. Welche Verbesserungen sollten bei der Realisierung weiterer Projekte berücksichtigt werden?

____

____

Wie steht es um Ihr laufendes Projekt?

	stimmt	stimmt teilweise	stimmt nicht
1. Die IST-Situation wird nicht genügend analysiert.	○	○	○
2. Die Ziele sind unklar definiert bzw. nicht meßbar.	○	○	○
3. Es wird von vorne herein *eine* Lösung favorisiert und nicht nach Alternativen gesucht.	○	○	○
4. Die Verantwortlichkeiten/Zuständigkeiten im Projekt sind nicht vollständig geklärt und abgestimmt.	○	○	○
5. Qualifiziertes Personal für die Mitarbeit im Projekt reicht nicht aus.	○	○	○
6. Die Motivation, in Projekten mitzuarbeiten, ist gering.	○	○	○
7. Auftauchende Probleme im Projekt werden ignoriert oder ausgesessen.	○	○	○
8. Risiken im Projekt werden falsch oder nicht eingeschätzt.	○	○	○
9. Es wird improvisiert anstatt systematisch organisiert.	○	○	○
10. Fehler aus alten Projekten werden wiederholt, weil sich niemand die Mühe macht, abgeschlossene Projekte einem SOLL-/IST-Vergleich zu unterziehen.	○	○	○

Wie steht es mit der Umsetzung Ihres Projektes?

	stimmt	stimmt teilweise	stimmt nicht
1. Die Maßnahmenrealisierung läuft planmäßig.	○	○	○
2. Die geplanten Maßnahmen sind umsetzbar.	○	○	○
3. Die Zusammenarbeit mit anderen Fachstellen ist zufriedenstellend.	○	○	○
4. Aufgaben, Abläufe und Anforderungen innerhalb des Fachbereiches sind definiert.	○	○	○
5. Die Zusammenarbeit im Fachbereich hat sich entwickelt.	○	○	○
6. Das vereinbarte Projektziel wird im Zeitplan erreicht.	○	○	○

Wie gehe ich mit Konflikten um?

	stimmt	stimmt teilweise	stimmt nicht
1. Ich mache mir klar, wo es mögliche Konfliktherde gibt.	○	○	○
2. Ich packe Konflikte aktiv an.	○	○	○
3. Ich zeige die Bereitschaft, an einer gemeinsamen Lösung zu arbeiten.	○	○	○
4. Ich steuere nicht vorschnelle Lösungen an.	○	○	○
5. Ich signalisiere dem Konfliktpartner, daß ich ihn als Menschen schätze.	○	○	○
6. Ich verschärfe die Fronten nicht zusätzlich.	○	○	○
7. Ich schaffe mir Rückzugsmöglichkeiten ohne Gesichtsverlust.	○	○	○
8. Ich hole "neutrale" Hilfe, wenn ich selbst betroffen bin.	○	○	○
9. Ich habe mit dem Konfliktpartner Geduld.	○	○	○
10. Ich strebe einen Konsens nach der "Jeder-Gewinnt-Methode" an.	○	○	○

Wie ist die Arbeitsatmosphäre in Ihrem Team?

	stimmt	stimmt teilweise	stimmt nicht
1. Das Klima ist unbürokratisch, behaglich und entspannt.	○	○	○
2. Die Rollen, Zuständigkeiten und Vollmachten sind geklärt.	○	○	○
3. Wir nehmen uns Zeit, einander unsere Zielvorstellungen und Erwartungen mitzuteilen.	○	○	○
4. Es werden klare Vereinbarungen getroffen und akzeptiert.	○	○	○
5. Die Mitglieder sind bereit, an der Verwirklichung der Projektziele mitzuarbeiten.	○	○	○
6. Wir halten uns an getroffene Entscheidungen und setzen sie um.	○	○	○
7. Wir können offen über Unsicherheiten und Ängste sprechen.	○	○	○
8. Meinungsverschiedenheiten werden restlos geklärt und individuelle Standpunkte werden berücksichtigt.	○	○	○
9. Wir investieren in die Kontrolle unserer Problemlösungsstrategie Zeit.	○	○	○
10. Beschlüsse werden auf der Basis der Übereinstimmung gefaßt.	○	○	○
11. Wir sprechen über die Qualität unserer Zusammenarbeit.	○	○	○

GABAL **Business-Bücher für Erfolg und Karriere**

Arbeitstechniken

Lothar J. Seiwert
Das neue 1x1 des Zeitmanagement
Der Millionen -Bestseller
120 Seiten, A5, Hardcover, 4-farbig, mit Zeichnungen und Fotos
€ 15,90 (D)
ISBN 3-923984-89-8

Ingemar Svantesson
Mind Mapping und Gedächtnistraining
Übersichtlich strukturieren, kreativ arbeiten, sich mehr merken
112 Seiten, A5, Hardcover, mit Illustrationen
€ 20,90 (D)
ISBN 3-89749-198-2

Jacques Boy, Christian Dudek, Sabine Kuschel
Projektmanagement
Grundlagen, Methoden und Techniken, Zusammenhänge
160 Seiten, A5, Hardcover, mit Illustrationen und Grafiken inkl. CD-ROM für Mac und PC
€ 20,90 (D)
ISBN 3-930799-01-4

Josef W. Seifert
Visualisieren, Präsentieren, Moderieren
Der Bestseller – überarbeitet und erweitert
175 Seiten, A5, Hardcover, mit Illustrationen
€ 15,90 (D)
ISBN 3-930799-00-6

Vera F. Birkenbihl
Das „neue" Stroh im Kopf?
Vom Gehirn-Besitzer zum Gehirn-Benutzer
320 Seiten, A5, Hardcover, mit Illustrationen
€ 20,90 (D)
ISBN 3-89749-085-4

Susanne Motamedi
Konfliktmanagement
Vom Konfliktvermeider zum Konfliktmanager
152 Seiten, A5, Hardcover, mit Illustrationen
€ 15,90 (D)
ISBN 3-89749-002-1

Management

Günter Ederer
Lothar J. Seiwert
Der Kunde ist König
Das 1x1 der Kundenorientierung
288 Seiten, A5, Hardcover, 2-farbig, mit Illustrationen und Grafiken
€ 17,90 (D)
ISBN 3-930799-47-2

Walter Simon
Ziele managen
Ziele planen und formulieren, zielgerichtet denken und handeln
192 Seiten, A5, Hardcover, 2-farbig, mit Illustrationen und Grafiken
€ 20,90 (D)
ISBN 3-930799-36-7

Hans-Jürgen Kratz
Delegieren – aber wie?
Persönliche Entlastung, Mitarbeiter motivieren, Potenziale nutzen
144 Seiten, A5, Hardcover, mit Illustrationen
€ 15,90 (D)
ISBN 3-89749-001-3

Für weitere Titel fordern Sie bitte unseren kostenlosen Gesamtkatalog an: GABAL Verlag, Tel. 069/830066-0 oder in Ihrer Buchhandlung.